Andreas Walser (Chur 1908 – 1930 Paris)

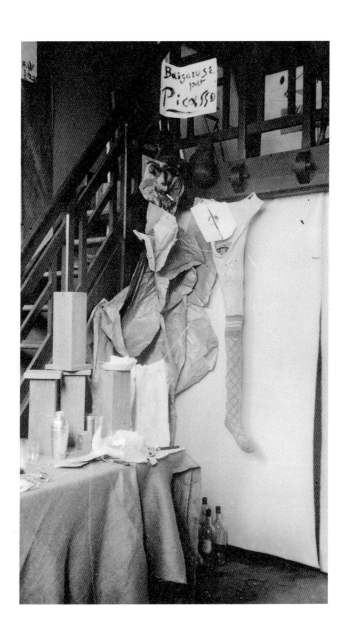

*Andreas Walsers letztes Atelier,
Rue Armand Moisant 6, Paris 15ᵉ, 1930*

Andreas Walser (Chur 1908 – 1930 Paris)

Bilder / Briefe / Texte

Herausgegeben von Marco Obrist

Mit einem Vorwort von
Dieter Schwarz

Bündner Kunstmuseum, Chur
Kunstmuseum Winterthur

Stroemfeld/Roter Stern

Die vorliegende Publikation erscheint anlässlich der von Marco Obrist,
Kunstmuseum Winterthur, konzipierten Ausstellung
»Andreas Walser (Chur 1908 – 1930 Paris)«

Bündner Kunstmuseum, Chur: 1. Oktober – 20. November 1994
(Verantwortlich für die Ausstellung: Beat Stutzer)

Kunstmuseum Winterthur: 14. Januar – 12. März 1995
(Verantwortlich für die Ausstellung: Marco Obrist)

Veröffentlicht mit Unterstützung durch:
Fondation Nestlé pour l'Art
Schweizer Kulturstiftung Pro Helvetia
Graubündner Kantonalbank

Die Deutsche Bibliothek – CIP-Einheitsaufnahme

Andreas Walser (Chur 1908 – 1930 Paris) : Bilder, Briefe, Texte ;
[Bündner Kunstmuseum, Chur, 1. Oktober – 20. November 1994,
Kunstmuseum Winterthur, 14. Januar – 12. März 1995 /
anlässlich der Ausstellung »Andreas Walser (Chur 1908 – 1930 Paris)«].
Hrsg. von Marco Obrist. Bündner Kunstmuseum, Chur ; Kunstmuseum Winterthur. –
Basel ; Frankfurt am Main : Stroemfeld, 1994
(Roter Stern)
ISBN 3-87877-489-3

NE: Obrist, Marco [Hrsg.];
Ausstellung Andreas Walser (Chur 1908 – 1930 Paris) <1994 – 1995>;
Bündner Kunstmuseum <Chur>; Kunstmuseum <Winterthur>

Copyright © 1994 Stroemfeld Verlag
CH-4007 Basel, Oetlingerstrasse 19
D-60322 Frankfurt am Main, Holzhausenstraße 4
und die Erben von Andreas Walser
Alle Rechte vorbehalten
Gestaltung: Janis Osolin, Basel
Satz und Layout: Atelier Urs Dillier, Basel
Lithos: Bufot, Reinach BL
Druck und Verarbeitung: Offizin Andersen Nexö Leipzig

Inhalt

Vorwort 7

Briefe / Texte 11
Tafeln 73
Biographische Notizen 109

Editorische Notiz und Verzeichnis der Briefe / Texte 151
Fotonachweis 154
Literatur 155
Dank 157

Vorwort

Erstmals wird in diesem Buch das Werk Andreas Walsers umfassend vorgestellt – in einer Folge von Briefen und Texten, die Walsers Leben, das heisst eigentlich nur dessen vier letzte Jahre, dokumentieren, in einer Auswahl von Zeichnungen und Gemälden und in einem Aufsatz, der zusammenfasst, was wir heute von dieser beinahe vergessenen Künstlerbiographie in Erfahrung bringen können. Die drei Teile des Buchs zeichnen den Weg des 1908 in Chur geborenen Walser nach, von den ersten Schreib- und Malversuchen am Gymnasium, den Kontakten zu Augusto Giacometti und Kirchner bis zu seinem Aufenthalt in Paris, wo Walser unmittelbar in Beziehung zu einigen der führenden Figuren dieser Epoche trat, wo er innert zweier Jahre ein überraschend umfangreiches bildnerisches Werk schuf, sich in literarischen Texten und Übersetzungen versuchte, bevor er im März 1930 starb.

Leben und Werk waren also erst zu entdecken, und es hätte auch geschehen können, dass sich Walsers Spuren bis auf wenige verwischt hätten, wären nicht in den letzten Jahren zwei grössere Werkblöcke aufgetaucht – der erste, aus dem Nachlass Walter Trepp stammende, vielleicht eher von biographischem Interesse, insofern als er hauptsächlich Jugendwerke im engeren Sinn des Wortes umfasst. Der andere hingegen ist eine Sammlung von Werken aus der Pariser Zeit, also repräsentativ für Walsers eigentliche Leistung. Dieser zweite Block fand sich im Nachlass von Emmanuel Boudot-Lamotte, einem engen Freund Walsers, und glücklicherweise fiel er in gute Hände, nämlich in den Besitz einer Familie, die diesem unverhofften Fund Interesse entgegenbrachte und Zeit in Nachforschungen investierte, um über den unbekannten Autor mehr zu erfahren. Die Aufarbeitung dieser Werkbestände erlaubt uns nun, diejenigen Bilder, die seit längerem bekannt und vereinzelt auch publiziert sind, wie beispielsweise das »Portrait Pablo Picasso« oder die »Baigneurs (Am Strand)« im Bündner Kunstmuseum, in den Kontext des gesamten Werks einzufügen. So wird nun eine Chronologie ersichtlich, die erlaubt, die Abfolge der Bilder zu begreifen und die rasante Entwicklung zu verfolgen, die Walser in der kurzen ihm bemessenen Zeit, nämlich in seinen zwei Pariser Jahren, durchlief.

Beim Betrachten der Werke, die hier vorliegen, wird bald einmal deutlich, dass wir einen angehenden Künstler vor uns haben, der begierig ist zu lernen und zwar nicht im akademischen Sinn. (Wie aus seinen Briefen hervorgeht, verbrachte Walser denn auch nur wenige Tage an der Académie de la Grande Chaumière, wo er sich zu Beginn seiner Pariser Zeit eingeschrieben hatte.) Im Gegenteil: Walser lernt, indem er sich an die besten seiner Zeitgenossen hält und sich bemüht, ihre Formensprache zu übernehmen und damit schliesslich selbständig umzugehen. So ist es notwendig, dass er die Pastelltechnik Augusto Giacomettis oder die flächige Kompositionsweise des späten Kirchner selbst erprobt, dass er die collageartige Verknüpfung verschiedenartiger bildnerischer Elemente aufnimmt, die sich Ende der zwanziger Jahre in zahlreichen kubistischen oder surrealistischen Varianten in den Werken der internationalen Avantgarde findet. Picasso, Cocteau, Picabia, Miró – man könnte noch viele Namen nennen – stehen diesen Werken Pate. Walser fühlt sich mit stupender Leichtigkeit in die stilistischen Formeln, die formale Sprache der tonangebenden Künstler ein, wie wenn sie für ihn geschaffen wären. Gleich nach seiner Ankunft in Paris schlüpft er wie selbstverständlich in die Künstlerrolle und eignet sich nicht nur die Ausdrucksmittel, sondern auch die Lebensform der bewunderten Bohème an. Neben dem Enthusiasmus findet sich bei Walser ein Moment der Trauer, nämlich das Gefühl, als Letzter in die Kunstgeschichte der Epoche einzutreten und nur noch nachvollziehen zu können, was andere vorbereitet hatten.

Sein Verhältnis zu anderen Künstlerpersönlichkeiten kommentierte Walser in seinen Briefen und Schriften. Da erscheinen zunächst Augusto Giacometti und Kirchner, die Walser als seine ersten künstlerischen Vorbilder erlebt. Mit dem Wechsel nach Paris tritt Picasso an deren Stelle. Walser fühlt sich zu ihm hingezogen; es gelingt ihm bald, den bewunderten Maler kennenzulernen, und in fast kindlicher Verehrung erhebt er Picasso zur gütigen Vaterfigur, der er nacheifert. Dagegen entspringt die Beziehung zu Cocteau einem kokettierenden, erotischen Interesse, und in sein Verhältnis zu Kirchner mischt sich mit der Zeit sogar ein Zug von Kollegialität: so wenn sich Walser bemüht, den berühmten Malerkollegen in einer Pariser Galerie unterzubringen ... Aber dieses tastende Probieren, die fast chamäleonartig wirkende Einfühlung in das Schaffen einer fremden Person, sind nur ein Aspekt. Zusehends entfernt sich Walser nämlich von diesen noch in Zitaten befangenen Arbeiten und erarbeitet sich seinen Standort, auch wenn dieser schon von ersten gesundheitlichen Krisen gefährdet ist. Die bereits genannten »Baigneurs (Am Strand)« von 1930 (Abb. S. 91) zeigen Walser vielleicht auf der Höhe seines Schaffens, denn es gelingt ihm hier, vor dem Hintergrund von Picassos zeitgenössischen Strandbildern, eine eigene Formulierung dieses Themas zu entwickeln. In der Gestaltung des bildfüllenden, linearen Figurengerüsts, das locker auf die flächigen mit dem Grund verzahnten Körperformen bezogen ist, erreicht Walser eine reife monumentale Komposition. Die meisten anderen Werke aus seinen letzten Lebensmonaten scheinen heute verloren, und so wissen wir kaum etwas darüber, wie sich sein Interesse am Bauhaus, das zu besuchen er vorhatte, oder seine Kontakte mit den Künstlern der Gruppe Cercle et Carré in der Arbeit niederschlugen. Vielleicht wäre gerade dieser Weg derjenige gewesen, der ihn befähigt hätte, die objektivierenden Tendenzen der letzten Werke, wie sie in den Photogrammen sichtbar werden, weiterzuentwickeln, und vielleicht hätte ein Aufenthalt in Dessau, wie Kirchner es hoffte, Walser aus der unheilvollen Drogenfaszination des Cocteau-Kreises gerissen.

Darüber mag man nun spekulieren. Was wir hier vor uns haben, ist ein beeindruckendes Fragment, das in der Schweizer Kunstgeschichte in dieser Art einzig dasteht. Den Weg nach Paris haben zwar viele Künstler seiner Generation unternommen, und einige haben sich dort einen Namen gemacht wie Serge Brignoni, Alberto Giacometti, Meret Oppenheim oder Kurt Seligmann. Sein Talent und sein Mut rücken Walser in ihre Nähe; wo diese Künstler jedoch ein Werk schufen, hinterliess er eine kraftvolle, brüsk abgebrochene Skizze, eine Biographie, die sich uns beinahe literarisch stilisiert darbietet. Entscheidend dazu tragen Walsers Briefe bei, in denen die stürmisch erregte Verfassung der Pariser Zeit – Euphorie und Verzweiflung, Freude über Erfolge und Selbstmitleid – Gestalt angenommen hat. Und schon in Albert Rauschs 1938 unter dem Pseudonym Henry Benrath veröffentlichten Erinnerungen wird der wirkliche Walser in eine elegische Figur verwandelt. Es mag einem vorkommen, als sei in ihm der Held der Novelle »Torso« aus Franz Hessels 1922 erschienenem Buch *Von den Irrtümern der Liebenden* lebendig geworden, der als fiktiver Vorgänger das Schicksal des im Paris der Vorkriegszeit lebenden Künstlers vorwegzunehmen scheint – bis hin zur Freundschaft mit dem bei Hessel Bilbao genannten Picasso und zum tragischen, geheimnisumwitterten Tod. Hessel lässt seinen Künstler in Betrachtungen über die antiken Götter das eigene Schicksal allegorisch vorhersagen: »Und doch bedrängen sie [die Götter] uns seit früher Jugend, seit den Knabentagen, wo uns in Lehrbüchern und Gipsabgüssen des Zeichensaales ihre leeren Augenhöhlen erschienen. Dann lernen wir, erst in heimischen Museen, dann reisend in reicheren Sammlungen, echten Marmor kennen, dürfen schliesslich in besonderen Sälen und Kabinetten Torsen berühren und Brückstücke in die Hand nehmen und die Schwellung des lebendigen Steines fühlen, bis an den schmerzlichen Schnitt des Bruches. Dies Erlebnis werden wir nicht mehr los. Dieser schmerzliche Schnitt geht mitten durch unser Dasein. Und das Beste, das Redlichste, was wir tun können, ist verzweifeln.«

Dieter Schwarz

Briefe / Texte

Giovanni Giacometti an AW   Stampa, 24.11.1925

Stampa, den 24-XI-25
Herrn Kantonsschüler A. Walser
Chur
Ihrem Wunsche entsprechend, gebe ich Ihnen hiermit die Erlaubnis, mein Bild »Sonnenflecken« für Studienzwecke kopieren zu dürfen, sowie die anderen von mir in der Villa Planta sich befindenden Bilder.
Achtungsvoll
Giovni Giacometti

Brief. Der Gymnasiast AW ist zu diesem Zeitpunkt 17 Jahre alt. Neben wenigen erhaltenen Skizzen aus dem Jahr 1925 ist dieser Brief ein erster Beleg für seine erwachenden künstlerischen Ambitionen. In der Künstlergeneration, die auf Ferdinand Hodler (1853–1918) folgt, sind Giovanni Giacometti (1868–1933) und Cuno Amiet (1868–1961) die wichtigsten Pioniere der Schweizer Malerei. Das 1912 entstandene Gemälde »Sonnenflecken« befindet sich noch heute im Bündner Kunstmuseum, Chur.

Augusto Giacometti an AW   Zürich, 22.8.1927

Zürich, 22. Aug. 1927
Rämistrasse 5
Sehr geehrter Herr Walser,
Empfangen Sie meinen besten Dank für die Glückwünsche die ich von Ihnen erhalten habe. – Sie sind mir kein Unbekannter. Vor ungefähr einem Jahr habe ich Arbeiten von Ihnen gesehen, die mir Prof. Jenny zugesandt hatte. Dann weiss ich, dass Sie sich von Zeit zu Zeit bei Herrn Scheller im Amtshaus nach dem jeweiligen Fortschreiten der Arbeiten erkundigt haben. Dann habe ich Ihre Artikel gelesen im »Rätier«, im »Winterthurer Tagblatt« und im »Bund«. Wir werden uns also doch einmal kennen lernen müssen, obwohl dieses »sich nie gesehen haben« eine besondere Schönheit hat.

Wenn Sie einmal nach Zürich kommen, so kommen Sie zu mir hinauf.
Ihnen alles Gute.
Mit bestem Gruss   Ihr
Augusto Giacometti

Brief. Augusto Giacometti (1877–1947), gehört zu Beginn des Jahrhunderts zu den ersten Malern, die zur Abstraktion gelangen; bekannt wird er durch seine Gemälde, die in den zwanziger und in den dreissiger Jahren auch ausserhalb der Schweiz gezeigt werden, und durch seine vielen, vor allem in der Zwischenkriegszeit entstandenen Glasfenster und Wandmalereien (Augusto Giacometti ist ein Vetter zweiten Grades von Giovanni Giacometti). 1927 ist der Gymnasiast AW, inzwischen 19jährig, kein »Unbekannter« mehr. Seit dem Frühjahr 1927 erscheinen gelegentlich Beiträge von AW über Künstler und Schriftsteller, vor allem in Tageszeitungen (die Artikel AWs sind im Anhang »Literatur« aufgelistet). Professor Jenny ist AWs Zeichenlehrer Hans Jenny (1866–1944). Herr Scheller ist der Abwart des Amtshauses I in Zürich, wo Augusto Giacometti 1927 Wandbilder und Gewölbemalereien ausführt.

Augusto Giacometti an AW   Zürich, 26.10.1927

Zürich, 26. Okt. 1927
Rämistrasse 5
Sehr geehrter Herr Walser,
Gerne erwarte ich Sie bei mir am 1. November. Sagen wir um 11 1/2 Uhr.
Mit bestem Gruss
Ihr ergebener
Augusto Giacometti

Brief. Diese erste persönliche Begegnung AWs mit Augusto Giacometti am 1. November 1927 ist auch durch eine unveröffentlichte Postkarte AWs an seine Churer Freundin Bärby Hunger (1901–1987) belegt. Augusto Giacometti unterstützt in der Folge als väterlicher Freund AW in seinen Bestrebungen.

AW an Bärby Hunger   Chur, 21.5.1928

Donnerstag-Mittag.
Liebes Bärby,
Ich darf im Herbst nach *Paris*.
Augusto Giacometti ist heute vormittag bei Papa u. Mama gewesen u. hat es also erreicht.
Mündlicher Bericht folgt
Ihr Andreas.

Brief, Poststempel 21.5.1928. An Bärby Hunger schreibt AW zwischen 1927 und 1930 rund zweihundert Briefe in denen er von neuen Begegnungen, von seinen rasch wechselnden Gemütslagen und seinem jeweiligen Gesundheitszustand berichtet. (Eine kleine Auswahl von AWs Briefen an Bärby Hunger wurde im *Konkursbuch* 23, 1989, S. 101–115, publiziert. Leider fehlt dort jeder Hinweis darauf, wo gegenüber den originalen Briefen bezüglich Orthographie und Grammatik Veränderungen vorgenommen wurden und wo Passagen gekürzt wurden.)

Ernst Ludwig Kirchner an AW Davos, Mai/Juni 1928

Lieber Herr Walser,
ich werde mich freuen Sie kennen zu lernen. Kommen Sie nur dann Sonntag 24 Juni nach Tisch und bringen Sie einige Arbeiten von sich mit, dann können wir gut über Malerei sprechen

Mit Gruss Ihr E L Kirchner

Brief, Poststempel 24.5. (unsichere Lesung), von vermutlich fremder Hand auf den 8.6.28 datiert. Die Karte wurde wenige Wochen vor dem ersten Besuch AWs bei Ernst Ludwig Kirchner (1880–1938) in Davos abgeschickt.

AW: »Bei Ernst Ludwig Kirchner« Chur, Juni 1928

Ich komme über Klosters herauf nach Davos. Dort drüben der Zauberberg? Vielleicht. Endlos lange Reihen, Liegestuhl an Liegestuhl. Zahllose offene Fenster. Wie viel Hoffnung liegt über diesen unglücklichen, kranken Menschen. Mir ist, als höre ich ihre stumme Klage und sähe ihre Augen nach oben gerichtet, dem ewigen Blau zu, das sie dem Leben wiedergeben soll.

Wenn der Himmel Blau ist und wolkenlos, dann ist die Landschaft schön hier oben. Jetzt aber ist die Sonne verdunkelt. Wolkenmassen verbinden Himmel und Erde: Grau, tiefes düsteres Grau überall, blitzartiges aufleuchten eines Fleckchens Wiesengrund oder das Schimmern von Sonne beschienenen Schnees. Und die Berge, diese unvergleichbaren Formwunder, stumm und unfassbar in ihrer unendlichen Stille.

Auf dem Fussweg komme ich von Davos-Platz bei Frauenkirch den Hügel hinan, durch gelb blühende Wiesen, an zart gegliederten Lärchen vorbei. Dort draussen, wo der Hügel abfällt, steht noch eines jener kleinen Bauernhäuschen, wie man sie hier überall sieht. Dort wohnt Ernst Ludwig Kirchner. Dort hinter jenen Holzwänden, hier im Wald und auf diesen Wiesen entstehen die Bilder, die einmal zum Grossen gehören werden, was unsere Zeit geschaffen hat. In kleinem, sonnenverbrannten Hüttchen wohnt er mit der Gattin, hieher zog er, als draussen der Krieg ausgebrochen war, krank und ohne Hoffnung, ein dem Tode naher Mensch. Die ihn kommen sahen, verhiessen, er werde nicht wieder gehen. Und er ging auch nicht wieder. Er blieb und fand hier seine Gesundheit und neue Kraft.

Kirchner kommt: klein von Gestalt. Er sieht so jung aus, der Achtundvierzigjährige.

»Natur« ist ihm alles, was wir sehen. Sie umzuformen in seinem Innern, eine neue zu schaffen mit seiner Hand, Bild, das einem Andern das gleiche zu sagen vermag wie ihm, wahr zu bleiben in seiner Entwicklung, immer sich selbst und seiner Zeit getreu, eine feste, klare Form des Ausdrucks zu erreichen: das ist sein grosses Ziel.

Und hier sein Werk: Stösse von Zeichnungen und Aquarellen, gefüllte Skizzenhefte bergen Wunder in sich, lauter mit genialem Können erfasste Schönheit. Sein graphisches Schaffen, seine Holzschnitte, Lithos und Radierungen sind von seinem Werk vielleicht am ehesten bekannt. Diese Blätter haben eine ungemeine Ausdruckskraft und sind durch und durch vollendet in ihrer Art. Ein paar hundert Leinwände stehen herum, Bilder aus den letzten Jahren. Unter ihnen das grosse Selbstbildnis, stehend mit dem Pinsel in der Hand, das eben nach Deutschland versandt wird. Und die Liegenden, zart und gedämpft in den Farben, Menschen im Wald, wo sie beieinander liegen, zusammen sprechen und handeln, am See die Badenden und wieder Bilder mit Tieren und Menschen und Landschaften, unerschöpflich in ihren Formen.

Ernst Ludwig Kirchner brachte das Neue. Er schuf ein Werk, das manchmal so fern zu sein scheint den bekannten Naturformen, doch von überzeugender Kraft ist: weil es echt ist und Mal für Mal seinem Wollen und seinem Geiste entspricht. Alles ist in der Fläche aufgebaut. Kirchner kennt die Tiefe nicht. Auf den einen Bildern spielt das Licht, auf andern der Schatten. Hier geht der Maler der Sonnenwirkung nach, wie sie draussen den Menschenkörper umhüllt. Da reizt ihn der Schatten, er verbindet ihn zu einer das Ganze überziehenden Komposition. Ich werde die beiden Akte im Walde nie vergessen können: den aufrecht stehenden mit dem unvergleichlich schönen Kopf und den davor kauernden, die grosse Liegende, deren Körper sich aufteilt in Flächen, in fast unwirklichen Farben, und der doch so wahr ist und lebt.

Abend. Ich muss gehen. Den Hang hinunter. Nicht ohne mich ein paarmal nach der kleinen Hütte umzusehen. Mit mir trage ich das lebendige Bild eines Menschen. Und das Gefühl einer unendlichen Dankbarkeit ...

Veröffentlicht in *Annalen* 6 (Horgen-Zürich / Leipzig, Juni 1928), S. 277–278.

Augusto Giacometti an AW　　　　　　　　　　　　　　**Zürich, 13.9.1928**

Zürich, 13. Sept. 1928

Lieber Herr Walser,

Herzlichen Dank für das, was Sie in unserem »Rätier« geschrieben haben. Ich war heute in Chur. Nur ganz schnell um im neuen Kunsthaus das Treppenhaus anzusehen. Man möchte für dort ein oder einige von meinen Kartons als Depositum haben. Dort habe ich die beiden Architekten dann Prof. Jenny angetroffen. Ich wäre gerne einen Augenblick zu Ihnen hinauf gekommen. Aber die Zeit langte nicht mehr. – Bald wird der Tag Ihrer

Abreise nach Paris da sein. Ich freue mich herzlich für Sie. Seien Sie kühn und stolz. Man kann nicht kühn genug sein.

Mit bestem Gruss
Ihr
Augusto Giacometti.

Brief. Giacometti bedankt sich vermutlich für einen am 10. September 1928 in der Churer Tageszeitung *Der Freie Rätier* veröffentlichten Beitrag AWs über seine Glasfenster in der Martinskirche in Chur. Im Sommer 1928 wird die im letzten Jahrhundert als Wohnhaus erbaute Villa Planta durch den Einbau von Oberlichtern im Obergeschoss und weitere bauliche Massnahmen den Bedürfnissen eines Kunstmuseums angepasst. Sie beherbergt auch heute noch das Bündner Kunstmuseum.

Ernst Ludwig Kirchner an AW Davos, 22.9.1928

Davos d. 22 Sept 28

Sehr geehrter Herr Walser,
ich danke Ihnen für die Sendung der Photos nach Ihren Bildern, die ich hiermit zurückgebe. Es hat mich gewiss interessiert, sie durchzusehen. Wenn Sie bei der constructiven Art der Bilder von der 2 Hälfte von 28 bleiben, werden Sie in Paris gewiss viel Anregung finden.

Die Form selbst wird sich ja noch ändern aber der Weg, den die Photos zeigen, ist sicher der rechte, der direkt in die Probleme unserer neuen Malerei führt. Sie sind übrigens der erste schweizer, den ich kenne, der wirklich das neue Sehen, das in der Kunst heute lebt, ahnt. Allzu viele von uns hier bleiben in Paris im Erlebnis Cézanne stecken, was man besser wie Sie noch vorher abmacht. Ihre letzten Aktbilder haben ein feines poetisches Empfinden. Die Gestaltung ist noch etwas einfach und unbeholfen, aber das schadet nichts. In den Pariser Schulen werden Sie genug Akt zeichnen, um Nahrung für das innere Bild zu bekommen, das Sie dann freier und voller formen können.

Alles Gute und die besten Wünsche dazu. Ich werde mich freuen, wenn Sie mich wieder etwas sehen lassen. Leider geben die Photos ja die Farbe nicht. Stammt das Bild, auf dem einer den anderen trägt aus einer Erinnerung an den Metropolis-Film?

Mit den letzten Bildern werden Sie sehr schnell an die Wegkreuzung kommen, wo es ins Abstrakte abgeht, ich bin sehr gespannt, wie Sie sich da stellen werden.

Mit einem herzlichen Händedruck und einer Empfehlung an Ihre Eltern

Ihr
E L Kirchner

Brief. Mit Metropolis-Film meint Kirchner *Metropolis* des expressionistischen Filmregisseurs Fritz Lang (1890–1976) aus dem Jahr 1926.

AW an Bärby Hunger　　　　　　　　　　　　　　　　　　　　　**Paris, 28.9.1928**

Mein liebes Bärby –
Paris – ich kann es gar nicht fassen – diese herrliche Stadt – sie hat sich mir heute aufgetan grösser und tausend mal herrlicher, als ich sie je gedacht. Hier bin ich nun – ein junger Mensch am Ziel einer langen Hoffnung. Und so beginnt's. Bald schon wird ein Atelier frei – ich schreibe Dir dann – ich bin froh darob, gleich anfangen zu können. – Die lange Fahrt war relativ gnädig – ich bin zwar froh, ein Paar Monate jetzt Eisenbahn Eisenbahn sein zu lassen. Ma chambre est petite – la semaine prochaine j'aurai une autre plus grande et contre le Boulevard. Sass heute Abend mit Paul M. stundenlang nach langem herumschwanzen vor einem Café und schaute – – kann es einfach noch nicht ganz verstehen. Alles ging so gut bis jetzt – und nun wird's weiter so gehen – was kann ich jetzt heute Nacht noch sagen, als dass ich müde bin und doch noch schnell ein paar Skizzen machen will, mes premières Impressions de Paris – u. dann ins Nest krieche. Der Mond schaut auch auf diese Schmiererei da – der Pariser Mond – gelb hinter nächtlichem Dunst. Ich wünsche Dir *angenehme* Tage
　　　　　　　　　　Dein
　　　　　　　　　　A.
　　　　　　　　　　1 h. 28. 9. 28

Brief. Paul M. ist der Maler Paul Martig (1903–1962). Er stammt wie AW aus Chur und lebt seit 1926 in Paris.

AW: »Über dem Place de Rennes«　　　　　　　　　　　　**Paris, Herbst 1928**

Es ist Abend. Abend im Herbst. Und wird Nacht. Stundenlang bin ich heute umhergeirrt durch alle Strassen von Paris. Jetzt bin ich müde und habe doch nicht genug gesehen. Müde und hungrig und weiss nicht wie ...

Stehe oben auf dem Gare du Montparnasse und starre hinab. Schreibe auf den leeren Rand einer Zeitung auf, was ich sehe da unten – schreibe es für Dich. –

Müde und hungrig, aber müd und hungrig sieht der Mensch tausendmal mehr denn sonst. Und da es Abend ist und Nacht werden will – auch deshalb schon.

Unten liegt der Place de Rennes: Ein Stück Strasse, Trammschienen, ein Paar Lampen auch, Häuser rings umher und da und dort ein Baum. Strassen zweigen ab nach allen Seiten. Bald sieht sie niemand mehr im Dunkel. Ein paar Lampen. Und wenn gerade ein Baum dabei steht so glänzen seine Blätter frisch und grün mitten in der Nacht noch. Wo aber kein Licht mehr ist geht es gespensterhaft zu und dunkel.

Ein Platz und Lichter, Tramms und Autos, die rennen und lärmen. Leute, die vorübergehen. Cafés hell beleuchtet und ein Paar Lichtreklamen da und drüben an einem Hause.

Dort führt der Boulevard du Montparnasse weit hin. Nur noch ein Flimmern von farbenen Lichtern gibt seine Richtung an. Überall dieser undurchdringliche Schleier, der nicht Nebel ist und doch mehr denn blosser Dunst. Nur ganz oben erinnern ein paar Sterne an das Über-uns.

Und der Platz unten, sein Pflaster ist schwarz und wie Sternenbahnen leuchten die Eisenschienen darauf. Tramm und Autos tun das Ewig-Gleiche. Daran liegt nichts. Und doch unendlich viel. Daran und an dem ewig sich Ineinanderschieben und aneinander Vorbeirennen – dem bildhaft gewordenen Spiel des Lebens.

Der Platz ist gross und weit. Zahllos gehen sie darüber hin, Autos und Menschen. Alle sind sie mir fremd. Ein jeder seinen Weg. Und geht einer zufällig einmal allein – in seinen Augen, in seinem Schritt steht es geschrieben wohin er geht: zur Zweiheit ...

Nur ich stehe allein hier oben. Stehe und schaue hinab. Hinab, weil ich es liebe so und lang schon mich sehnte danach, einmal über den andern zu stehen. Und schwer lehne ich mich an das kalte Eisengeländer.

Bald blau, bald rosa, bald violett liegt die Luft über dem Platz. Verhängt ihn – gibt ihm erst seine Schönheit, wie der Schleier leicht und luftig im Gesicht einer Frau.

Ich lese, buchstabiere die Namen der Cafés ringsum, die Reklamen da und dort. Ich suche nach den Nummern der Autos und addiere, subtrahiere – und mache zum ersten Mal in meinem Leben eine Rechnung ohne Fehler ...

Drüben auf der Uhr über dem Eingang zur Halle stehen die beiden Zeiger senkrecht nach oben. Unten aber fragt niemand danach. Als gäbe es hier weder Nacht noch Tag – nur Eines.

Dort die Treppe hinab zum Metro. Noch tiefer also. Heiss steigt die Luft herauf aus den Schächten. Kommt bis zu mir her. Dumpf und schwer. Und die da unten gehen über den Platz sind so klein und nichtig von oben gesehen und alle gleich. Drüben vor den Cafés stehen die Marmortischchen kreisrund wie Geldstücke anzusehen. Ich strecke meine Hand aus – und greife ins Leere. –

Stehe über den Menschen und den Dingen jetzt wie der grosse Spötter Voltaire unten an der Seine. Davon träumte ich immer, auch einmal so darüber zu stehen –

– Nein ich will wieder hinunter wo die andern sind. Mitten hinein ...

Unveröffentlicht, vermutlich aus der ersten Zeit in Paris im Herbst 1928.

AW an Bärby Hunger   **Paris, 8.11.1928**

Mein liebes gutes Bärby,
es ist Mittag – ich sitze an der Rue la Boétie und warte – will Dir auch gleich sagen worauf: bis 1 1/2 h u. dann gehe ich zu Pablo Picasso aber nur Du sollst das jetzt wissen, ich weiss ja nicht obs gelingt. Gestern traf ich ihn nicht. Liess dann ein paar Bilder dort u. meinen Namen, heute wiederzukommen. Und weisst, wenns misslingt, wenn er nicht Besuche empfängt oder meine Arbeiten nicht achtet dann täte es mir doch entsetzlich weh, wenn jemand ausser Dir das wüsste. Sitze da in einem Café u. lese Deinen Brief wieder, den ich immer mit mir trage – gutes Bärby dass Du *mir,* kleinem Menschen so gross schreibst. Und d. Rilke Gedichte sind so schön – Du schriebst sie für mich – u. gestern kam auch der Inselalmanach. So dann u. wann etwas – ein Zeichen Deiner grossen Liebe – ich aber schreibe Dir so wenig –

weil ich immer so furchtbar müde bin – ganz und gar müde. In den 3 Wochen habe ich ja über 80 Bilder in Oel gemalt. Sag es niemand, aber ich weiss gut genug, dass es nicht gut ist so, das der Oelgeruch u. *die ewige geistige Anstrengung* mir schadet – (obwohl es mir *scheinbar – körperlich* ganz wohl geht.)

Es kommt jetzt von selbst anders – ich suche auszustellen u. habe dann wohl ein wenig *Ruhe* wieder – o, dieses ewige geplagt sein, verfolgt werden vom Trieb zur Kunst, zum Ziel! – Du weisst das. Ich hatte ein paar allzu schöne Tage – letzte Woche. Kurz vorher lernte ich im Café du Dôme einen wunderschönen Jüngling aus Hannover kennen, 23 Jahre und ich übertreibe nicht, von einem Gesichtsausdruck so rein und schön, wie man es selten finden wird. Er sprach mich an – (sieh das ist so schön, die Menschen, die ich hier lieb habe kommen alle zu mir, nicht *ich* muss der Suchende sein – das macht mich keineswegs eitel, aber ich bin so froh darob, denn sonst würde es doch auch oft gar trostlos aussehen um Deinen jungen Freund hier in Paris, der ich doch auch mit einem ebenso liebebedürftigen Herzen lebe.)

Wir machten dann einen Tag bei mir ab – er kam – wir lebten 3, 4 Tage sozusagen ganz beisamman – – jetzt ist alles vorbei – am Sonntagabend musste er weg, zurück nach Deutschland.

Nur ein paar Blumen, ein Strauss Crysanthemen, Rosen, und eine grüne, bleibende Pflanze und Veilchen – alles Blumen die er mir brachte sind noch da – ein Mensch wie ich sollte »immer Blumen um sich haben« ...

Sieh wie schön und edel das alles ist –
ich lebe von solchen Dingen.

Als ich wieder allein war hab ich mich in die Arbeit vergraben – und jetzt stehe ich da und *warte*, warte auf etwas ganz unerhört grosses, auf *Picasso*. Ob das gelingen wird. Was wird er sagen.

Sieh – das ist nicht ein Brief – will gar nichts sein, nicht klug, nicht – .

– nur ein paar Worte Dir, ein paar Dinge, die Du verstehen wirst – und die ich doch jemandem sagen muss –

ich schreibe ja doch so wie ich bin – und deshalb auch so verschieden. so ungleich –

schreibe mir bald. denn Deine Briefe, Deine Grüsse muntern mich immer wieder auf, denn das habe ich oft doch nötig – wenn es anfangen will dunkel zu werden in mir, vor Müdigkeit und Leere.

Und doch wie dankbar bin ich – jetzt habe ich *mein Leben*, jetzt gehört alles mir, ich habe meine Kunst vor mir u alles liegt bei mir – aber eben deshalb diese Arbeitswut –

Ich grüsse Dich herzlich
Dein Andreas

8. Nov 28.

Brief, Poststempel 8.11.1928. Obwohl der erste Versuch Pablo Picasso (1881–1973) in seinem Atelier in der Rue de la Boétie zu treffen misslingt, sieht dieser sich immerhin die Bilder AWs an. Die Gemälde gefielen Picasso, wird AW ausgerichtet. Im Dezember gelingt es AW, Picasso persönlich kennenzulernen. In den drei Wochen, die seit dem Bezug seines Ateliers Mitte Oktober vergangen sind, malt AW mehr als achtzig Bilder; ein beeindruckender Anfang, auch wenn es sich dabei vermutlich fast ausschliesslich um kleinformatige Kartons und Leinwände handelt. (Eine gekürzte Fassung des Briefs ist in *Konkursbuch* 23, 1989, publiziert.)

AW: »Pont des Arts«   **Paris, Herbst 1928**

Breit und ruhig fliesst die Seine unter dem Pont des Arts. Still liegt drüben die Insel wo Paris geboren ward. Ein paar Bäume, ein paar Häuser und mitten drin gross und selbstverständlich die Notre-Dame.

Ich schaue hinab ins Wasser und glaube einen See zu sehen – so ruhig fliesst es dahin und spiegelt die Brücken wieder und die Bäume alle am Ufer und die grossen Häuser auch die weiter zurückliegen – Und leuchtet wieder das Blau der Luft.

Es ist Herbst. Wunderbarer Herbst. Farbig und weich ist die Luft heute. Bald blau, bald unsagbar fein gefärbt. Die Luft, wie man sie nur in Paris und nur selten so sieht. – Hinten dehnt sich weit der Louvre. Bei Tag und bei Nacht liegt er da wie ein riesiger Körper hingebettet zu Ruhe mitten im Grün der Bäume. So ruhig und still auch er. Da und dort eine Kuppel, ein Tor. Und dann wieder Bäume. Leute gehen über die Brücke. Unzählige. Gehen vorüber, ein jeder nach seinem Ziel. Und keiner allein ...

Nur ich sitze hier über dem Wasser einsam mitten unter den Vielzuvielen. Nur die Sonne ist über mir – und mir ist als leuchte sie mir doppelt so schön wie den anderen.

So sitze ich hier oder gehe durch die Strassen und immer geht mein Blick fernhin. Meine Augen schauen das Weite, suchen – suchen Dich ...

Unten an der Seine tun Bettler ihren Mittagsschlaf. Andere starren hinein ins Wasser. Starren nach Nahrung. Taten immer so und werden immer so tun, solange Paris steht um die Seine. Hier ändert man nicht so leicht seine Gewohnheit.

Jetzt gehen Wellen über dem Wasser hin. Und in Wellen schlägt es leicht an die Ufer. Ein Schiff fährt unten durch. Dann liegt die Fläche wieder ruhig da wie vordem. Spiegelt klar und rein. Spiegelt die Luft und die Bäume, in deren Kronen dann und wann ein leichter Wind spielt, ganz sanft. Die Blätter der Bäume sind schon gefärbt, kaum grün mehr. Von Zeit zu Zeit fällt eines langsam hinab auf das Wasser und schwimmt fort. Grau und schwarz sind die Häuser dahinter, die grossen Bauten zu beiden Seiten. Und mitten durch führt der Pont des Arts weiss und blendend in der Sonne. Nur gedämpft dringt der Lärm der Strassen hieher. Hier fühle ich mich so leicht. Leichter noch als in der Stille der Notre-Dame: hier lasten keine Gewölbe schwer und düster – nur eines und unendlich weit und fern.

Sitze und schaue auf das Ewig Eine, stundenlang. Der Pont des Arts ist die stillste Stelle in der Millionenstadt. Und das Stillste ist immer unser Tiefstes ...

Unveröffentlicht, vermutlich aus der ersten Zeit in Paris im Herbst 1928.

AW: »Café du Dôme«   **Paris, Oktober/November 1928**

Mitten drin im Lärm und Rennen des Boulevard Montparnasse liegt es ruhig und still wie eine Insel im brandenden Meere. Das Café du Dôme. Zahllos stehen die roten Stühle um die roten Marmortischchen. Drinnen zwar sitzt man weicher: doch hier ist es tausendmal schöner. Sitzt und spricht über das und jenes, wohl meist über Malerei. Sitzt und ruht und ruht vortrefflich mitten in dieser Unruhe. Sitzt und träumt – von Bildern die niemand malt. Träumt von Unmöglichkeiten. Und das sind allemal des Menschen schönste Träume ...

Ach ja Delacroix soll gesagt haben, die schönsten Bildern seien die, die man im Bette malt die Pfeife rauchen. Lebte Delacroix noch, er rauchte sein Pfeifchen im Café du Dôme. Und würde noch traumhafter träumen.

Es hat geregnet lang und viel. Das Pflaster glänzt. Spiegelt alle Lichter wieder. Blendend hell scheinen die Strassenlampen. Drüben führt eine Treppe hinunter zum Metro. Rote Lichter stehen zu beiden Seiten des Eingangs. Da und dort blitzen kleine Glühlampen und formen Buchstaben und Wörter. Stehen wie Sterne am Himmel der heute Abend so düster verhängt ist; – kleben wohl irgendwo an einer Hauswand die man nicht mehr sieht.

Feine schöne Köpfe neigen sich über Gläser. Bemalte Lippen nippen, trinken. Ich sitze irgendwo im Hintergrund. Sitze und schaue so drein. Schaue nieder auf den roten Marmor in der Messingfassung, auf mein

Glas, das mitten drauf steht, selbstverständlich fast wie des grossen Napoléon genialer Diebstahl auf der Place de la Concorde. Dann und wann steigt über einem Tischchen ein feiner Rauch auf. Formvollendet tut er noch rasch seine Kreise und Ringel bevor er sich auflöst in der ruhigen Luft.

Leute gehen vorüber. Zeitungsverkäufer rufen das Ewig-Eine. Und der »Montparnasse« hat dort eine treffliche Verkäuferin.

Ein Mädchen sitzt vor mir und kauft das Blatt. Tut es auf und nimmt mir alle Aussicht. Tut es wohl ohne dies zu ahnen. Ich fange eben an mich zu ärgern. Als plötzlich ein furchtbares Gewitter niedergeht über Paris. Blitze leuchten grün und violett auf. Und lange Donner rollen. Ein Augenblick ist die Strasse leer. Kein Mensch. Keine Autos. Wie von der Erde verschwunden. Nur die Zeitungsruferin geht noch draussen auf und ab.

Über meinen Hintergrund beginnt es zu tropfen. Wenn ein Tuch durch und durch nass ist, rinnt es eben. Auch über dem Café du Dôme.

Will mich schon wieder ein wenig zu ärgern anfangen – als alles schon wieder vorbei ist. Die Autos rennen wieder und die Menschen auch.

Das Mädchen vor mir hat vor Schreck den »Montparnasse« fallen lassen, – oder auch mir zu gefallen, sie hat mich ja so lieb angesehen.

Das Café ist besetzt bis auf den letzten Platz. Alles sitzt, spricht, trinkt und träumt auch nur. Träumt über dem Glase, träumt von zukünftigen Dingen. Denn an Vergangenes denkt niemand hier in Paris. Leute mit breiten Hüten und Künstlerbärtchen sind da, und solche, denen man ihr Handwerk nicht ansieht und die es vielleicht umso besser zu tun wissen. Immer gehen sie draussen vorüber, zahllos und ohne Ende. Menschen, die der Abend vereint ...

Von Zeit zu Zeit fällt, langsam und schwer, noch ein Regentropfen. Rollt vom Dache herunter, nur so zur Erinnerung. Und macht sich gar lächerlich, wo draussen schon das Pflaster zu trocknen anfängt.

Der oder jene macht eine Skizze dessen, was er sieht. Ich habe auch hie und da ein Blatt vor mir, – weil wir doch einmal Maler sind. Oder ich schreibe auf den Rand des »Montparnasse« irgend etwas auf, oder lese was ein anderer schrieb.

Ja und wenn man müde ist, stützt man die Hand auf den Marmor und legt den Kopf darein. Und schaut weiter. Wird nie fertig mit Schauen im Café du Dôme.

Veröffentlicht in *Paris-Montparnasse* (2. November 1928). *Paris-Montparnasse*, eine Pariser Tageszeitung, die nur kurze Zeit erscheint, veröffentlicht AWs Text in deutscher Sprache.

Augusto Giacometti an AW Zürich, 29.11.1928

Zürich, 29. Nov. 1928
Rämistrasse 5

Lieber Herr Walser,
An Ihrem Stillschweigen habe ich mir gedacht, dass Sie fest bei der Arbeit sein werden. Ich habe mich nicht getäuscht. Ihr Lebenszeichen hat mich herzlich gefreut. Dass Sie ein Atelier haben und dass Sie liebe Menschen gefunden haben. Es ist als ob man das gerade in Paris am nötigsten hätte. Man würde sonst von der Unermesslichkeit der Stadt aufgelöst werden. Kommen Sie oft mit Ihren Freunden aus Chur zusammen? Ich denke, dass Ihr »eine Gruppe« bilden werdet. Das ist gut, in dem dadurch unter Euch eine scharfe Konkurrenz entsteht die sehr heilsam ist. Jeder von Euch bekommt dadurch *für Euch* einen Wert. Jeder ist der Vertreter eines bestimmten Wertes oder eines Weges oder einer Tugend. Die Auseinandersetzungen *unter Euch* sind sehr wichtig. Man denkt nachher das ganze Leben an diese Auseinandersetzungen die grundlegend waren. Wir sehen uns also, entweder hier bei Ihrer Heimreise, oder in Paris, oder hier bei Ihrer Rückreise nach Neujahr.
 Mit herzlichem Gruss
 Ihr Augusto Giacometti

Brief. Mit den Freunden aus Chur meint Giacometti vermutlich die Maler Paul Martig und Leonhard Meisser (1902–1977), die AW in der ersten Zeit in Paris behilflich sind. Den Kontakt zu diesen beiden Künstlerkollegen pflegt AW danach, entgegen der Empfehlung Augusto Giacomettis, offenbar kaum.

Ernst Ludwig Kirchner an AW Davos, 4.12.1928

Frauenkirch
4 Dez 28

Lieber Herr Walser
vielen Dank für Ihren Brief. Sie könnten »Gr. M.« ruhig weglassen, ich bin nur ein suchender ringender Mensch wie Sie der vielleicht einige Jahre länger in Kampf und Arbeit steht, aber was macht das aus?
 Ich verstehe sehr gut, dass Ihnen der Louvre im ganzen langweilig ist. In den Museen findet man nicht den Weg zum Schaffen sondern im Leben.
 Sind Sie nun in ein modernes Atelier eingetreten z.B. bei Léger? Der ist wohl der Einzige, der ein Lehratelier hat, von den Modernen. Sie würden vielleicht doch schneller dahinter kommen, was diese französische Leichtigkeit ist, wenn es auch nur ein Witz sein sollte.
 Wenn ich sagte, Sie sollten sich nicht zu sehr von ihren schweizer Kameraden beeinflussen lassen, so meinte ich eigentlich nur diese Cézanneverehrung die Ihre Landsleute treiben, die doch so einseitig ist. Schon

Rouault geht über Cézanne hinaus und die neue Form schon ganz und gar. Die Surréalisten einschliesslich Picassos einer Art berühren sich recht nahe mit modernen deutschen Bestrebungen, die den Gegenstand nicht mehr rein okular sondern als Bedeutung oder Symbol fassen und seine Form als ekstatisch gesteigerte Vision geben. Darauf läuft wohl letzten Endes der ganze Kubismus hinaus, nur dass er diese neue Form rational konstruktiv fassen will. Arbeiten Sie nur nicht soviel, wenn es mal stockt. Auch im Anschauen und sich treiben lassen arbeiten ja die Kräfte in uns und oft reift eine Sache ungestörter, wenn man ihr Zeit lässt, als sie in unreifem Zustande zu forcieren.

Den Reiz des Spieles der Natur, sei es ein Kopfpaar oder Eisenbahnen oder Stilleben kann man überall haben, wo Menschen sind. Das Fluidum das über dem Pariser Leben spielen soll aber kann man ergo nur dort haben. Also sollte man es aufsuchen. Und die Frauen? Natürlich ist da Vorsicht am Platze besonders wegen maladies.

Wenn Sie nach Chur kommen, werde ich mich sehr freuen, wenn Sie auch wieder nach Frauenkirch kommen.

Alles Gute
stets
Ihr E L Kirchner

Brief. Fernand Léger (1881–1955) eröffnet 1924 in seinem Atelier eine Nachmittagsklasse der Académie Moderne.

AW an Bärby Hunger   **Paris, 5.12.1928**

L. B.

Peter schreibt mir, Du seiest erkältet – dass Du doch immer wieder dieses Pech haben musst, gerade zur Zeit, wo Du singen sollst. Vielleicht aber geht es jetzt doch schon besser – ich hoffe es.

Denk was für ein Narr ich bin, letzthin wartete ich an der Rue Boëtie auf Picasso – da kam er – u. ich wagte nicht ihn anzureden! Heute habe ich das Schauspiel wiederholt – 1/4 St. gewartet u. ihn angesprochen, als er nach hause kam um 1 h. Und da war er ausserordentlich lieb zu mir u. hat gleich ein Rendez–vous auf Morgen 10 h (Mittwoch) angesagt – nicht so bedeutungslos! Picasso ist ja immerhin der berühmteste Maler von heute

Ich freue mich jetzt so auf morgen

Und vom 15 bis Ende Februar stelle ich also wahrhaftig aus in der Galerie Marker Rue Bonaparte. (Wer nicht ein wenig »arbeitet« für *sich*, bleibt in Paris immer verborgen.)

Nun habe ich noch viel zu tun – bevor ich nach Chur komme möchte ich noch eine ganz grosse Leinwand malen – für d. Ausstellung. Nachher bleibt noch genug übrig für Alles. Aber das ist eine ganz lustige Arbeit – eine interessante auf jedenfall

Die letzte Woche bin ich gar nie ausgegangen – habe immer gemalt – dann fast 3 Tage fast Tag u. Nacht im Bett gelegen – ohne krank zu sein aber müde war ich eben. Umso wertvoller kommen mir die paar Tage dann vor, die ich in Chur sein werde – *ohne* Malerei.

Heute Abend habe ich vielleicht eine Chance ein Bild zu verkaufen – on verra. morgen schreib ich Dir das Resultat nach meinem Picassobesuch.

Habe verkauf 500 franz. fr. eine kl. nat. morte!

NB. Pablo Picassos Concierge hat mir heute beigebracht, es sei nutzlos mehr zu kommen, M. Picasso empfange seit ein paar Wochen gar niemand mehr. Mme P. ist krank u. er besucht sie jeden Tag in der Klinik. Da hab ich eben den Meister auf dem Heimweg abgefasst – man muss sich zu helfen wissen, sogar in Paris ...

Jetzt sitze ich in Café wo ich Dir schon ein mal schrieb an d. Rue la Boëtie – komme von Picasso u. bin halb verrückt vor Freude – 1 St. war ich dort – er zeigte mir alles u. sagte wiederholt zu meinen 20 Kartons, d. ich mitbrachte , dass sie ihm sehr grosse Freude machen – vous travaillez avec votre coeur – c'est tout ce qu'il faut, continuez comme ça et vous arriverez à quelque chose ... Du verstehst wie ich jetzt glücklich bin – et vous me visiterez de temps à temps et apporterez votre travail – vous pouvez venir quand vous voulez.

Magnific – jetzt gehe ich heim u. fahre fleissig fort zu malen.

A.

Brief, Poststempel 5.12.1928. Peter ist AWs jüngerer Bruder Peter Walser (*1912). Die in Neuchâtel und in Frankfurt am Main als Sängerin ausgebildete Bärby Hunger tritt bis in die vierziger Jahre hinein als Sopranistin auf. Der Name der Galerie in der Rue Bonaparte, wo AW vom 15.12. bis Ende Februar ausstellen soll, lautet Mercure resp. Marck, nicht Marker, wie er hier schreibt. Die Bemerkung über den Verkauf des kleinen Stillebens ist, offenbar nachträglich, vertikal an den rechten Blattrand notiert worden. Mme P. ist Olga Picasso. AW erhält von Picasso eine kleine Reproduktion nach einem bekannten, 1917 gemalten Bildnis Olgas, das sich heute in Pariser Musée Picasso befindet. AWs »Portrait Pablo Picasso« (Abb. S. 83) ist auf den 5.12.1928 datiert, auf den Tag also, an dem dieser Brief abgestempelt wird. Möglicherweise handelt es sich bei diesem Bildnis um die grosse Leinwand, die AW für die Ausstellung malen will.

Augusto Giacometti an AW   **Paris, 25.12.1928**

Paris, 25. Dez. 1928

Lieber Herr Walser,
Ich war jetzt bei Ihnen. Auf Weihnachten hat Ihnen der Kohlenmann

einen Sack Kohle gebracht. Er liegt vor Ihrer Ateliertüre. Auf Wiedersehen in Zürich.

> Viele Grüsse Ihr
> Augusto Giacometti
> Hotel Corneille
> Rue Corneille 5.

Ansichtskarte. AW ist bei seiner Familie in Chur als Augusto Giacometti sein Atelier in Paris aufsucht.

Jean Cocteau an AW   **Saint-Cloud, 16.1.1929**

> St. Cloud

Légers maux
Comme votre lettre m'a ému. Mon oeuvre a donc réussi puisqu'elle m'apporte la même chose si elle était écrite en signes d'amour?
    Je vous embrasse Jean ☆ 1929
    1928 Jean ☆
    Encore une ou deux semaines et vous viendrez me voir avec votre ami. Faites signes dans 12 jours ☆

Brief, Poststempel 16.1.1929. Der Brief (Abb. S. 26) ist auf einer Zeichnung Cocteaus geschrieben. Cocteau hält sich zu dieser Zeit auf Kosten der Modeschöpferin Coco Chanel (1883–1971) in einer Klinik in der Avenue Pozzo di Borgo in Saint-Cloud auf und unterzieht sich einer Opium-Entziehungskur. In *Opium*, einem Buch, das Cocteau 1928/29 während seines mehrmonatigen Aufenthaltes in Saint-Cloud verfasst und das 1930 bei Stock in Paris erscheint, ist eine Reihe seiner Zeichnungen aus dieser Zeit reproduziert. Einige davon entsprechen stilistisch genau der Zeichnung auf dem Brief an AW.

Jean Cocteau an AW, Saint-Cloud, 16.1.1929

AW an Peter Walser   **Paris, 17.1.1929**

Mein lieber Peter –
ich will Dir nun etwas von meinen neuen bildern schreiben, damit Du siehst, was ich jetzt tue – denn von Dir weiss ich ja, dass Du wahres interesse an meiner arbeit hast. Als ich kam malte ich einige nature–morte. – eines auf d. rotem Grunde weiss grün aufgesetzt – ein anderes besser schon ungefähr so [Skizze 1]
   also eine kl. statue am balkonfenster (leinwand) dann jenes Bild von dem ich Dir sprach:
   [Skizze 2] zwei vereinte stehende figuren ganz in d. einfachen art jener zeichnung, d. Du fotografiertest. alles blau in blau.
   dann ein paar kl. nature mortes und am montag eine leinwand ungef. so [Skizze 3]
   ferner: [Skizze 4]

[Skizze 5]
u. gestern noch:
[Skizze 6]
alle d. gezeichneten bilder sind grosse leinwände ca 1 m 20 od. 1 m od. mehr auf 1, –.80 etc.
   das nun will ich Picasso zeigen. d. grosse galerie quatre-chemins (Madeleine) denkt (bei Gott) daran, im Herbst etwas von mir auszustellen – man kam zu mir, nicht ich in die Galerie!!
   Aug. G. in Zürich war flott – er erzählte aus Paris u. d. schönste das ich sah sind seine grossen Entwürfe für die Grossmünsterfenster in Z. (8 m. hoch) (3 fenster).
   Ich sende Dir endlich d. annalen als drucksache heute und den Brief zugleich.
   Ich habe Deine Utrillofoto so gern, ich danke Dir. Gestern schrieb ich Kirchner, heute mit Dir zusammen auch Klaus Mann.
                           Lebe wohl u. grüsse Papa
                           u. Mama von mir
17.1.29   Dein Andreas.

Brief (Abb. S. 29/30). Von den sechs Bildern, die AW in diesem Brief an seinen Bruder beschreibt, ist uns heute ein einziges im Original bekannt. Die erste Skizze entspricht »Nature morte: Statue à la fenêtre« vom 7.1.1929 (Abb. S. 84). Die letzte Skizze entspricht einem Gemälde, das AW am 31.1.1929 Picasso dedizierte und das uns nur durch eine Photographie bekannt ist, »Buste à la fenêtre« (Abb. S. 78). Der Verbleib der vier anderen skizzierten Bilder ist ebenfalls unbekannt. Ein Gemälde, das der auf der zweiten Skizze wiedergegebenen Leinwand stilistisch und motivisch recht nahekommen dürfte, ist in der Aufnahme von AWs Atelier in der Rue Bardinet (Abb. S. 128) am rechten Bildrand zu erkennen. Die dritte Skizze stellt vermutlich ein verlorenes Selbstbildnis AWs dar. Das Meer und die Säulenstümpfe in der vierten und der fünften Skizze erinnern am ehesten an das im März 1929 gemalte »Portrait Jean Cocteau« (Abb. S. 99). Aug. G. ist Augusto Giacometti, der 1928 an Glasfenster-Entwürfen für das Grossmünster in Zürich arbeitet. Mit Annalen meint AW vermutlich eine Nummer jener monatlich erscheinenden Zeitschrift, in der er im Juni 1928 einen Kirchner-Aufsatz publiziert hat. Der erwähnte Brief an Klaus Mann (1906–1949) ist ein erster Hinweis auf den Kontakt AWs zu diesem deutschen Schriftsteller.

AW: »Mon ami est chez lui ...«   Paris, 18.1.1929

mon ami est chez lui

– il dormira ...

et moi
je marche
je marche
       j'abite si loin de lui.

la rue est morte
et ma tête est lourde

et
je marche
je marche ...

j'entends
le siffle
d'un train
qui passe
       je ne sais pas où –

et
je vois
la lune
qui va
se coucher
loin
loin
et tout seul
       elle aussi –

et
un vent
joue dans les arbres
un air triste

....
....

je pense
en allant
à mon ami
qui dort
maintenant

Mein lieber Peter —

 4   12.1.29

Ich will Dir nun etwas von meiner
neuen Arbeiten schreiben, damit
Du siehst, was ich jetzt tue — denn von Dir weiss
ich ja, dass Du wahres Interesse an meiner
Arbeit hast. Als ich kam malte ich einige
Naturmotive — eines auf d. vollen Gemälde
weiss grün aufgesetzt — ein anderes besser
schon ungefähr so
also eine hl. Statue am
Balkonfenster (Leinwand)
dann jenes Bild
von dem ich Dir sprach:

zwei vereinte stehende Figuren
ganz in d. einfachen Art einer
Zeichnung, d. Du fotografiertest.
alles blau in blau.
dann ein paar kl. Naturmotive
und am Montag eine Leinwand
ungef. so
jenes:

2 weisse Säulen

AW an Peter Walser, Paris, 17.1.1929, Seite 1

Weisse gebrochene Säule

ü. gestern noch:

alle d. gezeichneten
Bilder sind grosse
Leinwände
ca 1m 20 od. 1m
od. mehr auf 1,~80 etc.
das nun will ich Picasso zeigen.
d. grosse Galerie Quatre-chemins (Madeleine)
denkt (bei Goll) daran, im Herbst etwas von
mir auszustellen – man kam zu mir, nicht
ich in d. Galerie!!
Aug. G. in Zürich war toll – er erzählte aus Paris u.
d. schönste das ich sah sind seine grossen Entwürfe für die Grossmünster Fenster in Z. (2 m. breit)
(3 Fenster)
ich sende nur endlich d. Annalen als drück-
sache heute u. den Brief zu gleich.
ich habe keine Mirellofoto so gern. ich denke Dir.
Gestern schrieb ich Korbler, heute mit Dir zusammen auch Klaus Mann
        lebe wohl u. grüsse Papa u.
        Mama von mir
17.1.29.   Dein Andreas

AW an Peter Walser, Paris, 17.1.1929, Seite 2

et
je marche
je marche
loin de lui ...

    quelque fois
    j'ai peur
    de rentrer
    si tard
    si seul
    la nuit.

18.1.29

Unveröffentlicht. Nach wenigen Monaten in Paris beginnt AW in französischer Sprache zu schreiben, wie dieses Gedicht belegt.

Jean Cocteau an AW   **Saint-Cloud, Ende Januar 1929**

Clinique de St. Cloud
   S et O   Janvier

Cher ami
Je suis encore bien malade et sauf Desbordes je ne vois encore personne, mais je vous affirme que des lettres comme la vôtre (des amitiés qui tombent du ciel) me soulagent plus que la médecine.
   L'amour est la seule chose qui traverse les esthétiques. Aimez et ne craignez pas la dépense du coeur.
   Desbordes et moi vous remercions
                           Jean Cocteau ☆
                           1929

Brief. In einem Brief an Bärby Hunger vom 2. Februar 1929 (publiziert in *Konkursbuch* 23, 1989) erwähnt AW, dass er diesen Brief Cocteaus, aus dem er dort zitiert, einen Tag zuvor, also am 1. Februar, erhalten hat. S et O ist eine Abkürzung für das Département Seine-et-Oise. Desbordes ist Jean Desbordes (1906–1944), Dichter und Freund von Jean Cocteau.

Ernst Ludwig Kirchner an AW   Davos, 9.2.1929

                          Wildboden
                          d 9 Febr 29

Lieber Herr Walser
endlich komme ich dazu, Ihre beiden frdl. Briefe zu beantworten. Sagen Sie bitte Madame Bucher, dass ich mich sehr über ihr Interesse freue und danke.

    Ich lade sie höflichst zu einem Besuch bei mir auf dem Wildboden ein und werde ihr gern meine Bilder etc. zeigen, soviel sie will, kann sie sehen und wir können uns dann über eine Ausstellung unterhalten.

    Aufs Ungewisse kann ich natürlich keine Arbeiten senden, dazu ist mein Name zu bekannt, leider, sonst würde es mir gewiss Spass machen.

    Wie geht es Ihnen sonst?

    Alles Gute

                     herzlichst
                     Ihr
                     E L Kirchner

Brief. AW hat sich Anfangs 1929 bei der Pariser Kunsthändlerin Jeanne Bucher für eine Kirchner-Ausstellung eingesetzt, die sich allerdings nicht realisieren liess. Der aus Winterthur gebürtige Maler Rudolf Zender (1901–1988), der Kirchner seit einem wenige Jahre zurückliegenden Kuraufenthalt in Davos kennt, setzt sich zur gleichen Zeit wie AW bei derselben Galerie für eine Kirchner-Ausstellung ein. Zender und AW planen jedoch ihre Vorstösse bei Frau Bucher vermutlich nicht gemeinsam. In einem Brief vom 15. Februar 1929 bedankt sich Kirchner bei Zender und betont auch ihm gegenüber, dass er eine eventuelle Ausstellung in Paris mit Frau Bucher persönlich in Davos besprechen möchte. Am 4. März geht Kirchner in einem weiteren Brief an Zender noch einmal auf die mögliche Ausstellung bei Jeanne Bucher ein (vgl. Lothar Grisebach, *E.L. Kirchners Davoser Tagebuch: Eine Darstellung des Malers und eine Sammlung seiner Schriften,* Köln 1968, S. 235–236). Im Juni 1929 findet in der Galerie Jeanne Bucher die erste Einzelausstellung von Alberto Giacometti (1901–1966) statt, dem ältesten Sohn von Giovanni Giacometti. Der Maler und Bildhauer Serge Brignoni (*1903) stellt in den späten zwanziger und in den frühen dreissiger Jahren mehrmals bei Jeanne Bucher aus. Die Wege dieser beiden in Paris lebenden Schweizer kreuzen sich offenbar nicht mit jenen AWs. Serge Brignoni kann sich nicht erinnern, AW je getroffen zu haben, und gemäss dem Architekten Bruno Giacometti (*1907) – er kannte AW seit seiner Gymnasialzeit in Chur – hatte sein Bruder Alberto keinen Kontakt zu AW. Ein Grund dafür liegt vermutlich darin, dass Brignoni und Alberto Giacometti eher bei den Surrealisten zu Hause waren, die zu den Kreisen um Cocteau, wo AW spätestens seit Anfang 1929 verkehrte, kaum Kontakte unterhielten.

Jean Cocteau an AW   Saint-Cloud, Februar 1929

F-1929   Clinique 2 avenue
                                           Pozzo di Borgo
                                                 S et O

Mon cher ami
Excusez moi si je vous ai déjà envoyé une réponse mais je doute à cause

de ma tête malade et je préfère vous répondre deux fois que de laisser sans réponse une lettre du coeur. Ce serait absurde et criminel.

Ne me parlez pas de mes oeuvres, mes oeuvres c'est Radiguet et Desbordes – Celles là j'en suis fier et je les aime.

Lisez moi en marge, sous leur éclairage étoilé.

Je vous embrasse
Jean Cocteau

☆

Ici je raconte toute
> ma souffrance
> en dessins

Brief. F ist Cocteaus Kürzel für den Monat Februar. Der Tod des jungen Romanciers Raymond Radiguet (1903–1923), den Cocteau 1918 kennenlernt und der Ende 1923 nach heftigen Alkohol- und Opiumexzessen an Typhus stirbt, stürzt Cocteau in eine tiefe Krise. In Jean Desbordes glaubt Jean Cocteau wenige Jahre später einen neuen Radiguet gefunden zu haben.

Jean Desbordes an AW   **Villard-de-Lans, 13.2.1929**

Chez Mme de Montfort,
Les Lilas, Av. Carnot
Villard de Lans – Isère

Cher Monsieur.

Vous savez que vos visites m'ont ému, et la lettre que vous avez laissée la première fois – Il ne faut pas m'en vouloir si je n'ai pas répondu plus tôt et si je ne vous ai pas reçu. J'ai été follement grippé – Puis, à cause de cette grippe, je ne m'endormais pas avant 6 ou 7 heures du matin; et lorsque vous êtes revenu à l'Hôtel Nollet je ne pouvais pas me tenir sur mes jambes.

Je suis heureux fier que vous aimiez mon livre – je vous en remercie. Je suis reconnaissant – Jean Cocteau qui vous écrit je crois, doit vous dire la même chose –

Croyez-moi votre ami – un ami veritable –

de tout mon coeur – Jean Desbordes.

Brief, Poststempel 13.2.1929 (unsichere Lesung, die Monatsangabe ist unleserlich). Der Brief ist an die Rue Bardinet adressiert, wo AW bis im Sommer 1929 sein Atelier hat. Am 15.2. schreibt AW an Bärby Hunger, dass er einen Tag zuvor einen Brief von Desbordes erhalten habe. Vielleicht handelt es sich dabei um diesen Brief (AWs Brief an Bärby Hunger ist publiziert in *Konkursbuch* 23, 1989). Anlässlich eines Besuchs bei Klaus Mann, der gegen Ende des Jahres 1928 oder anfangs 1929 anzusetzen ist, entdeckt AW *J'adore*, das erste Buch von Desbordes, und ist sofort davon begeistert.

Jean Cocteau an AW Saint-Cloud, zweite Februarhälfte 1929

St Cloud 1929

Cher
Andrès – Walser
votre dédicace à Picasso m'a bien touché parceque les jeunes gens qui lui doivent tout lui crachent dessus et s'en défendent – elle prouve votre belle âme que je suis fier d'avoir ému.
Sans la grippe je vous aurais deja fait signe et nous nous serions embrassés autour de l'étoile ☆
L'autre Dimanche, je couvais la fièvre, Bérard et Bourgoint sont venus et Bourgoint m'a parlé de vous ce qui m'a fait plaisir.
Votre   Jean C
☆

Brief, Poststempel 20. Februar 1929 (unsichere Lesung, aber sicher zwischen dem 20. und dem Monatsende abgestempelt). Mit dédicace à Picasso meint Cocteau vermutlich das Gemälde, das AW Picasso geschenkt und am 31.1.1929 mit einer Widmung versehen hat (Abb. S. 78). Christian Bérard (1902–1949), genannt Bébé, ist wie Jean Bourgoint ein junger Künstler aus dem Umkreis von Cocteau. Das bizarre Leben von Jean Bourgoint und seiner Schwester Jeanne macht Cocteau zum Thema seines 1929 erschienenen Romans *Les enfants terribles*. Jean Bourgoint bewegt sich seit etwa 1925 im Kreis um Cocteau und tritt später in ein Trappistenkloster ein. Jeanne Bourgoint begeht im Dezember 1929 Selbstmord.

Jean Cocteau an AW Saint-Cloud, März 1929

Cher petit
Que vous êtes bon de m'envoyer cette image de tendresse. Ne vous cassez pas la tête – on vous regarde et on est heureux. Nel digne de vous – ma chambre reste jeune et légère de votre double passage.
Revenez samedi
☆
Jean

Brief, Poststempel Saint-Cloud, Datum unleserlich. Cocteau lädt AW in einem am 13. 3.1929 abgestempelten Brief zu einem ersten Besuch in Saint-Cloud ein, allein oder in Begleitung seines Freundes. Aus späteren Briefen Cocteaus geht hervor, dass AW und sein Freund Emmanuel Boudot-Lamotte (1908–1981), der sich im Freundeskreis Nel nennt, Cocteau in der Klinik besuchen. Dieser Brief ist vermutlich nach diesem ersten Besuch, noch im März 1929 entstanden.

Jean Cocteau an Emmanuel Boudot-Lamotte Saint-Cloud, 28.3.1929

☆
                                                       St. Cloud
                                                       1929

Cher petit
Vous m'écrivez que vous avez de la peine mais vous ne fournissez pas de détails – Rien ne me déroute comme le vague. Précisez –. Racontez (en prose-prose) et je ferai mon possible pour voler à votre aide.

    N'aimez vous plus A? Qui vous brise? A ou l'étoile filante? Dites et ne craignez jamais de m'être à charge. Rien ne peut me faire plaisir comme de vous rendre, sous une forme utile, toute cette gentillesse que votre coeur me témoigne.

                                         Ecrivez vite.
                                         Votre
                                         JC

Brief, Poststempel 28.3.1929. A ist AW.

Jean Cocteau an AW Saint-Cloud, Ende März 1929

Cher petit Andréas
Si tu peux venir me voir Dimanche à St. Cloud, viens vers 2 h 1/2 –
                           tu me diras ta peine
                           Je t'embrasse
                           Jean
                           ☆

Brief. Die Antwort Cocteaus vom 28.3.1929 auf einen Brief von Emmanuel Boudot-Lamotte deutet darauf hin, dass dieser Brief an AW auf Ende März 1929 zu datieren ist.

AW: »Nun gehe ich wieder draussen an der Seine ...« Paris, Frühjahr 1929

Nun gehe ich wieder draussen an der Seine. Schaue den Himmel und die Sonne. Schaue das Wasser und träume.

    Drüben liegt unübersehbar weit die Stadt. Dort wohnen Menschen, die ich müde machte mit meiner Liebe. Und bei denen ich nicht fand wonach mich verlangt. Drum hab ich mich wieder der Erde zugewandt, der Sonne oben und dem Wasser.

    Die Wellen über der Seine geben meinen Augen ruhiges Schauen. Und die Sonne ist ihre versengende Freundin. Nur den Glanz hat sie ihnen nicht nehmen können den feuchten Schimmer.

So sitze ich hier das ewige Gestirn über mir und das Wasser zu Füssen.

Wenn die Seine in Wellen fliesst erfreut mich ihr Spiel. Wenn sie leicht ans Ufer schlägt ist es als gälte es mir. Und wenn das Wasser ruhig ist, still wie ein See, beuge ich mich über und sehe mein Bild darin.

Schaue meine dunkeln Augen, in denen so viel unerfüllte Sehnsucht liegt –

und denke Jahre zurück.

So sass ich oft schon als ich ein Kind war am Wasser. So starrte ich damals trostsuchend auf den Grund eines Bergbaches als mein Bruder von mir ging. Lange Sommermonate hindurch und in den Nächten ging mein Traum mit den Wellen.

Manchmal am Morgen liegt Dunst über der Stadt. Während bei mir draussen hell die Sonne scheint und erst langsam den Schleier von den Häusern hebt.

Oft geht der Mond am Tage noch blass und fahl oben hin. Am Abend leuchtet Venus im Westen auf und die Sterne alle, die ich kenne wie Brüder.

An klaren Tagen aber gibt es für die Augen keine Grenzen mehr. Und fern in den Bäumen auf dem Hügel von St. Cloud spielt der Wind.

Wenn Regen fällt schaue ich den in Kreisen zerfliessenden Tropfen zu. Wenn die Wolken weichen und der Himmel blau und rein ist, dann spiegelt ihn die Seine doppelt so rein wieder.

Dann kommt mich allemal ein Sehnen an nach dem Meere. Dort wo nur blaue Unendlichkeit ist, nur Himmel und Meer und Menschen, die sich ihrer selbst freuen – dort möchte ich leben.

Indes drüben am Ufer Arbeiter ein Haus aufbauen und geschäftiges Leben über die Brücken zieht und aus der Ferne gedämpft der Lärm der Stadt zu mir herdringt.

Sitze oder liege so, armer Taugenichts, Tag für Tag an der Seine. Bis wieder jemand meinen Weg kreuzt und mich aufweckt aus diesem traumvollen Sein.

Bald wenn die Akazien am Ufer blühen und ihre langen Zweige über der Seine wiegen –

habe ich einundzwanzig Jahre die Sonne gesehen und den Himmel und die Erde und die Wellen auf dem Wasser ...

Unveröffentlicht, vermutlich Frühjahr 1929. AW wird am 13. April 1929 einundzwanzig Jahre alt.

Jean Cocteau an AW   **Paris, Frühjahr 1929**

Cher Andréas
J'ai eu bien des soucis et voilà la cause de mon silence. Merci pour ton bel album qui tombait un soir de tristesse. J'ai parlé de toi avec Picasso qui t'aime beaucoup.

☆

                                                                          Jean

Je te ferai signe après cette crise et mon travail

Brief. Er ist vermutlich nach dem Aufenthalt in Saint-Cloud im Frühjahr 1929 in Paris entstanden, vielleicht im April oder nach der Rückkehr Cocteaus aus Villefranche im Mai. Wir dürfen davon ausgehen, dass Cocteau ein Album mit Werkaufnahmen AWs erhalten hat. Das Postskripum bricht mitten im Satz ab, vermutlich fehlt ein zweiter Briefbogen.

Jean Cocteau an AW   **Paris, Frühjahr 1929**

Cher Andréas
ne passe pas Samedi. J'ai changé d'hôtel et je traverse une crise très sombre. Je ne peux pas être vu.
    Je t'écrirai.   Pense a moi. Prie pour
                                                     moi.
                                                     Je t'embrasse.
                                                     Jean C
                                                     ☆

Brief. Der undatierte Brief ist ein Dokument von Cocteaus starken Stimmungsschwankungen nach seiner Kur in Saint-Cloud und wurde vermutlich im Frühjahr 1929 in Paris geschrieben, vielleicht Anfang April.

Jean Cocteau an Emmanuel Boudot-Lamotte   **Paris, 8.4.1929**

                                                     Avril 1929
                                                   10 rue d'Anjou
Mon cher petit Nel
Croyez un vieil ami poête: Jamais vous ne retrouverez une âme droite comme celle d'Andréas. Méfiez vous des mirages indus – l'appareil de photographie ne les enregistre pas. Mais je veux votre chance, votre joie. Je ne gronde jamais ni ne blâme.
    Je vous embrasse
                                                      Jean
                                                      ☆

J'ai trouvé du travail
pour Andréas

Brief, Poststempel 8.4.1929. Gemäss AWs Brief an Bärby Hunger vom 9.4.1929, besuchen ihn Cocteau und Desbordes am 8.4.1929, am Tag, an dem dieser Cocteau-Brief an Nel abgeschickt wird.

AW an Bärby Hunger   **Paris, 9.4.1929**

Mein liebes Bärby
ich schreibe liegend. Seit ca 1 Woche geht es mir nicht gut – ich hatte einen Abcès am Fuss – der letzthin geschnitten wurde. die Sache ist sehr sehr schmerzhaft – ich leide tag u. nacht u. muss noch ca 1 Woche mit der offenen wunde liegen, der arzt presst jedentag u. öffnet – alles tut so weh –
ich bin entsetzlich nervös von all dem –
liege u. kann nichts tun – nach hause habe ich geschrieben – u. immer wollte ich auch Dir einen gruss senden – ich denke so viel in Liebe an Dich – Bärby wie geht es Dir – wenn Du nicht schreibst habe ich immer Angst Du könntest krank sein?
gestern Abend haben mich Cocteau u. Desbordes besucht – das tat mir so wohl – die beiden sind so lieb zu mir – ich kann's fast nicht verstehen – u. ich liebe sie u. bin glücklich solche grossen menschen zu kennen – ihr freund zu sein.
– ich kann Dir nichts erzählen. ich arbeitete so wenig u. jetzt ist alles so leer um mich u. besonders die nächte sind schwer – man pflegt mich sehr gut – tut was man kann. Liebes Bärby – denke gut von mir – auch wenn ich so lange nicht schrieb – ich tue es immer in gedanken – jetzt in schlechter Schrift – aber so gut ich kann.
Lebewohl – schreibe mir einen Gruss
Dein Andréas.   9.4 29.

Brief.

AW an Bärby Hunger   **Paris, 13.4.1929**

Mein liebes Bärby –
diesmal hatten wir in jeder hinsicht glänzend aneinander vorbei geschrieben – mache Dir keine Gedanken – wir sind uns doch so gleich, dass wir alles verstehen – heute morgen kommt Dein lieber brief – so lieb – so ganz für mich jetzt. denn es geht noch keineswegs gut – ich schlief nicht u. jetzt wäre der morgen recht trüb wären nicht briefe da von zu hause u. von Dir, die mir freude machen –

ich schreibe nichts vernünftiges – ich bin sehr müd – nur an Dich denke ich jetzt u. hoffe für Dich – wie Du es für mich tust – so tun wir uns im stillen ein liebes.

Gestern besuchte mich d. Dichter der Galerie 4 chemins – im okt. macht man mir dort eine Ausstellung (ehre) u. ein paar bilder gehen jetzt als ständige ausstellung dorthin, z.B. die bildnisse Picasso, – Cocteau, – Colette – 3 meiner bilder, die am meisten Eindruck machen, weil sie wirklich ganz neuartig sind –

u. jetzt ... meine Wunde tut mir weh – ich möchte schon – aber was soll ich da schreiben! von dem langen wehhaben bin ich halt doch recht müde geworden u. es ist so kalt u. man heizt immer – das ist für meinen Kopf nicht gut – u. doch habe ich die letzten Tage ein paar bilder gemalt auf 1 bein – allerdings höchst unbequem aber es musste halt doch sein.

jetzt liege ich wieder wie ein nichtsnutz u. träume – was bald nicht mehr was. Nur das weiss ich, ich bin nicht befähigt, krank zu sein – schon die sache an sich macht mich nervös – nun sage ich Dir etwas, was ich Walter schrieb, und sonst keinem bein sage: der arzt sagte mir nach allen möglichen Experimenten, vous êtes complètement intoxiqué (vergiftet) Kaffee, rauchen ... daher meine masslose empfindlichkeit. Nun wird es mir hart angehen, anders zu leben, wenn ich mich nicht ganz verteufeln will – aber ... ich hab in solchen »gemachten« Momenten doch meine besten bilder gemalt – es ist sicher wahr – Jean Cocteau sagt mir so lieb: tu dois savoir, jusqu'où il faut aller trop loin ...

ich bin jetzt im stadium der »entwöhnung« – das gibt eine seltsame seelenverfassung, glaube mir das. wenn ich einmal wieder ausgehen kann, geht's leichter, man vergisst sich eher.

ich habs gewiss nicht immer so leicht – u. leide an dingen die niemand sieht noch ahnt –

nun das habe ich eingesehen – dass ich nicht so fortfahren darf – sonst endets bald, und das habe ich doch nicht im Sinne – dann komme ich immer näher dem, was Du mir rätst – vernünftig zu leben. Aber mir ist eben nicht zu raten – ich tappe von dummheit zu dummheit. Aber gell, Du lassest nicht's merken, dass Du das weisst – ich schreibe es Dir, weil Du alles wissen sollst u. so auch mich manchmal in d. letzten u. kommenden Zeit besser verstehst – lebe wohl – mein so liebes Bärby ganz Dein Andréas.

paris 13 4. 29 matin

Brief (auszugsweise in *Konkursbuch* 23, 1989, publiziert). Mit dem Dichter der Galerie Quatre Chemins meint AW den französischen Essayisten und Romancier Maurice Sachs (1906–1945). Die Gemälde, die in die ständige Ausstellung dieser Galerie gehen, sind die Bildnisse von Picasso (Abb. S. 83), Cocteau (Abb. S. 99) und Colette (Abb. S. 79). Walter ist der mit AW befreundete Walter Trepp (1911–1992). Bärby Hunger erfährt in diesem Brief in etwas verschlüsselter Form von AWs aktuellen gesundheitlichen Problemen. Sie sind leider nicht bloss auf den Konsum vom Koffein und Nikotin zurückzuführen, wie sich bald zeigen wird. Es ist nicht auszuschliessen, dass sich der besorgte Emmanuel Boudot-Lamotte Ende März 1929 wegen AWs unbekümmertem Umgang mit bewusstseinsverändernden Substanzen an Cocteau wandte.

Ernst Ludwig Kirchner an AW Davos, 17.4.1929

Wildboden
d 17 IV 29

Lieber Herr Walser,
haben Sie Dank für Ihren Brief. Es ist gewiss schade, dass wegen der Preise nichts wird aus der Pariser Ausstellung, aber ich kann doch nicht um die Hälfte verkaufen nur weil es in Paris ist. Auch Zervos bekommt keine Abbildungen von mir, wenn er mich nicht allein bringt. Ich habe kein Interesse daran, in diese nur geschäftlich entrierte Deutschennummer der Cahiers zu kommen. Es sind bei der Annäherungspolitik von deutscher Seite wieder mal die falschen Leute an der tête und so wird das Ganze im Sande verlaufen ohne ideale Resultate. Dieser Dresdner Grohmann managt jetzt die Sache, derselbe der als Verfasser für mein Buch zeichnet. Er ist aber heute nur noch Agent von Kunsthandlungen und künstlerisch wertlos. Es ist sehr schade, dass der wünschenswerte Zusammenschluss deutscher und französischer Kunst so nur kunsthändlerisch werden wird. Ich werde mich gewiss freuen, Sie wieder mal zu sehen. Ich glaube aber nicht, dass Sie hier längere Zeit sein können. Meine Frau ist leidend und kann deshalb nicht noch für Gäste sorgen und ansonsten weiss ich nicht, ob wir diesen Sommer überhaupt hier sein werden. Ich habe auch nie Pension oder ähnliches von meinen Gästen verlangt. Die anständigen unter ihnen wie Müller und Scherer haben sich dadurch revanchiert, dass sie Bilder von mir erwarben. Die noch lebenden Basler, die hier waren, wie Camenisch z.B. benützen heute meinen Namen als Reklame, so dass ich mich direkt ihrer erwehren muss. Ich habe begriffen, dass es ein falscher Weg war, hier junge Maler aufzunehmen. Ich bin ja kein Schulmeister sondern schaffe selbst und kämpfe für meine Arbeit. Wohl fühle ich Kameradschaft für alle anderen, die neue Wege suchen gleich mir, aber ich stehe neben ihnen Seite an Seite. Ich freue mich sehr, wenn ich Ihnen etwas helfen kann und werde sehr gern Sie wiedersehen, aber das ist in ein paar Stunden getan. Wochenlang hier zu sein wäre nur langweilig für Sie.
   Ich weiss wohl, dass Sie sehr sehr freundlich waren, meine Arbeiten in Paris zu vertreten und ich hoffe sehr, dass ich Ihnen das einmal in Deutschland vergelten kann, denn das ist sehr gut und grosszügig von einem Künstler, so zu tun. Es tut mir nur leid, dass ich nicht den gewiesenen Weg folgen kann. Für mich gibt es immer nur Alles oder Nichts und im letzten reizt mich der grosse Erfolg, den ich in Deutschland ja haben konnte, aber bewusst umging zu wenig. Wirklich reizvoll ist mir nur die Arbeit, der stets erneuerte Versuch, neu zu gestalten aus der inneren Vision heraus, das letzte bleibt doch unrealisiert trotz aller Arbeit. Das Schaffen ist das reizvolle. Das Resultat ist ja das Fertige, das ad acta gelegt wird oder zum Verkauf kommt und einem verlässt.
   Vielleicht hat man zu lange im Elend kämpfen müssen, sodass man heute gar nicht mehr die Organe hat, äusseren Erfolg zu schätzen, wer

weiss es. Jedenfalls danke ich Ihnen und freue mich bald mal wieder Sie zu sehen und zu sprechen.

Mit bestem Gruss
Ihr
E L Kirchner.

Brief. Das Projekt einer Ausstellung bei Jeanne Bucher – es wäre Kirchners erste in Paris – scheitert nicht zuletzt am Stolz des deutschen Expressionisten. Kirchner möchte in angemessener Weise als etablierter Künstler präsentiert werden, und zu einer solchen Präsentation gehört für ihn auch der richtige Verkaufspreis. Zervos ist Christian Zervos, der Herausgeber der berühmten, ab 1926 erscheinenden Kunstzeitschrift *Cahiers d'Art*. Grohmann ist der Kunsthistoriker und -kritiker Will Grohmann, der Verfasser von *Das Werk E.L. Kirchners*, München 1926, der ersten Monographie über Kirchner. Kirchner misstraute grundsätzlich Kritikern und Kunsthistorikern und versuchte die Rezeption seines Werks selbst zu bestimmen oder zumindest zu beeinflussen, was öfters zu Meinungsverschiedenheiten führte. AW fasst für den Sommer 1929 offenbar einen längeren Aufenthalt bei Kirchner ins Auge. In den Jahren zuvor halten sich vor allem junge Künstler aus Basel wie Albert Müller (1897–1926) und Hermann Scherer (1893–1927), die zwei wichtigsten Kirchner-Schüler, oder Paul Camenisch (1893–1970) immer wieder bei Kirchner auf. Nach dem Tod von Müller und Scherer distanziert sich Kirchner von seiner Rolle als Lehrer und rät darum auch AW von einem längeren Besuch ab.

Jean Cocteau an AW **Villefranche-sur-Mer, Ende April 1929**

Hotel Welcome
Villefranche/mer
A.M.

Cher petit Andréas
J'ai pris la fuite devant des fantômes. Je croyais trouver du soleil à Villefranche. J'y trouve la flotte anglaise de la couleur triste du ciel. (Pendant que j'écris ces lignes le ciel se découvre et le soleil apporte mille marins avec leurs jupes et leur noeuds de rubans sur l'oeil)
    Je voudrais être le plus laid d'entre eux et ne pas écrire de livres.

Je t' embrasse
☆ Jean

Vois Nel – protège le contre lui même – c' est le rôle du coeur.

Brief. Die Abkürzung A.M. steht für das Département Alpes-Maritimes. Diesen undatierten Brief schreibt Cocteau nach dem Klinikaufenthalt in Saint-Cloud, vermutlich Ende April. Am 24. April schreibt Cocteau aus Villefranche einen Brief an den jungen Franzosen Pierre Duflo, in dem er von seinem Kampf mit den fantômes, den Gespenstern, berichtet, den er zu verstecken sucht (vgl. *Simple est un miracle: Lettres de Jean Cocteau à Pierre Duflo*, Paris, 1993, S. 50–51).

Jean Cocteau an Emmanuel Boudot-Lamotte Villefranche-sur-Mer, 2.5.1929

mai 1929
Villefranche/
mer

Cher petit Nel
La lettre d'Andréas faisait bien peur. La vôtre me rassure.
Donnez moi vite des nouvelles qui me sortent tout à fait d'inquiétude. Moi c'est dur – immense – vague – inamical. Je lutte contre l'invisible et le visible ne m'aide pas.

Je vous embrasse
Jean
☆

Brief, Poststempel 2.5.1929. Ende April geht der kranke AW, der seit dem Beginn des Monats einen schmerzhaften Abszess am Fuss hat, nach einer Drogenkrise knapp am Tod vorbei. Er liegt drei Tage bewusstlos im Bett. Am 2. Mai malt er schon wieder Bilder, darunter »Abstraction« (Abb. S. 88), und schreibt an Bärby Hunger auf einer Postkarte eine kurze Notiz, dass es ihm besser gehe.

AW an Bärby Hunger Paris, 4.5.1929

Mein liebes Bärby –
ich erhielt Deine Karte und den Eilbrief (heute Samstag 4 h) Sei ganz ruhig – es ist vorüber. Dir darf ich es jetzt sagen, *ich bin hart am Tode vorbeigegangen – langes vollständiges Aussetzen des Herzens 4 Ärzte* arbeiteten an mir – die ich alle nicht erkannte – ich war ganz geistlos. bewies meine starke Natur, ich sehe scheusslich aus – bin ganz schwach – gehe nicht aus, nur an jenem Tage, als ich Dir schrieb – auf d. Strasse. es kommen immer wieder kleine *Reflexe* (alle 14 Tage soll sich das immer vermindert wiederholen.) jetzt bin ich sehr unruhig z B. *aber es ist nicht die geringste Gefahr mehr.* Sei ruhig, ich weiss nicht, was Nel Dir schrieb er brachte nur Deine adresse aus mir heraus warum weiss ich nicht – ich lag 3 Tage bewusstlos im bett – dann folgten entsetzliche erschütterungen, stundenlanges hin- u. her zucken des ganzen körpers. ich war, was man sagt verrückt – man musste alles vor mir verstecken, ich suchte alles zu verschlingen – z.B. Tinte und Mal öl etc. dies die Folge des zu vielen Kaffeetrinkens – am 25. April war ich bei einem Arzte, der mir sagte, dass es höchste Zeit sei, mich zu retten, ich sei vollständig intoxiqué. *warum* u. wie u. wann ich sein *gegen* mittel das Morphine und Opium enthält samt und sonders verschlang weiss ich nicht. jetzt natürlich bin ich noch ganz voll Gift u. muss mit höchster Geduld dies langsam entfernen lassen – eine Einspritzung von Caféine (ich kenne diese wörter nur auf franz.) während d. ersten Tage hat mich beruhigt – aber jetzt wirkt all das sich aus. ich habe

gemalt gestern – 8 Bilder – viel, viel besser als alles andere – u. gegen 100 Zeichnungen gemacht letzthin ich lese, ich träume u. fühle mich *geistig und künstlerisch* sehr stark – aber körperlich nat. nicht besonders. ich bin geradezu grün am ganzen Körper – meine adern scheinen tief schwarz durch u. ich zittere noch sehr – all das geht langsam vorbei – Du kannst Dir vielleicht meinen seelenzustand vorstellen jetzt – nachdem ich tagelang leise für mich hoffte ganz einschlafen zu können – nun ist's also gut vorüber u. ich werde mich wohl hüten noch einmal so tief zu sinken.
heute fand ich 3 *Couverts adressiert* an Papa, Dich u. Walter ich muss das einmal während einer halbklaren stunde »ahnend« getan haben.

liebes gutes Bärby – zeig diesen brief Walter. Ihr beiden sollt alles wissen – aber in Chur nur Ihr! und glaubt an mich, hofft mit mir –

ich schreibe Euch sobald ich ruhiger bin wieder

Andréas.

samstag 4 mai 1929   paris

Brief (in gekürzter Form publiziert in *Konkursbuch* 23, 1989).

Jean Cocteau an AW   **Paris, Mai 1929**

☆

Mai 1929

Cher petit
Il ne faut pas glisser sur des pentes si folles – il ne faut pas faire de peine a ceux qui t'entourent – il ne faut pas fabriquer des ombres – il en existe déjà bien trop.

Je t'aide, je t'embrasse
Jean
☆.

Merci au
  cher R. des Indes
Nel me rassure

Brief. Cocteaus Brief zeigt, dass er über AWs Zusammenbruch von Ende April informiert ist. Die Identität des erwähnten R. des Indes ist nicht geklärt. AW malt, gemäss einer nach seinem Tod erstellten Auflistung seiner Werke, am 29.3.1929 »Portraits de deux éphèbes (style égyptien) (Rahim?)«, am 14.5.1929 »Tête d'éphèbe (Rahim?)«. Möglicherweise ist der unbekannte Rahim, der vermutlich auf diesen heute verschollenen Bildern dargestellt ist, der von Cocteau erwähnte R. des Indes.

Ernst Ludwig Kirchner an AW Davos, 6.5.1929

Wildboden
d. 6 Mai 29

Mein lieber guter Walser,
Ihr Brief kam eben an. Es tut mir so leid, dass Sie so krank sind. Wie kam denn das? Oh halten Sie sich nun nur von diesem verdammten G fern. Glauben Sie mir, man wird nur unfrei und krank davon und verliert seine Zeit, die man für die geliebte Kunst so nötig braucht. Die Phantasie braucht keine solchen Anreger, gewiss nicht, es wird noch einen schweren Kampf geben, wenn Sie erst wieder kräftig sind, aber stemmen Sie Ihren ganzen Willen gegen die Anfechtungen, mit jedem Tag wird es Ihnen leichter werden. Glauben Sie mir.

Ach mein lieber, ich wäre gern bei Ihnen um Ihnen zu helfen, wenn ich kann. So denke ich nur, Sie werden Geld brauchen und lege Ihnen 200 Frs ein, brauchen Sie mehr, so schreiben Sie es mir. Ich bin froh, dass Sie Freunde haben, die Ihnen beistehen. Sie sind glücklich daran, dass Sie im Atelier liegen, nicht im Krankenhaus. Sagen Sie niemand von der Einlage, und lassen Sie bald wieder von sich hören.

Wegen meiner Ausstellung in Paris, machen Sie sich keine Sorgen. Das wird ganz von selbst, wenn es soweit ist. Sie wissen ja, ich bin nicht so ehrgeizig, ich weiss, dass der eigentliche Ruhm erst nach dem Tode kommt und Sie müssen vor allem für Ihre eigenen Arbeiten einstehen, das ist viel nötiger für Sie als alles andere.

Mein lieber Freund, von Herzen gute Besserung und eisernen Willen. Dann kommen Sie auch durch und die Sonne lacht Ihnen wieder. Nur fest sein.

Herzlichste Grüsse
und baldige Besserung
Ihr
E L Kirchner

<small>Brief. Der Brief belegt, dass neben Bärby Hunger und Jean Cocteau auch Ernst Ludwig Kirchner, der Drogen aus eigener Erfahrung kennt, über den Zustand von AWs Gesundheit unterrichtet ist. Im Gegensatz zu Cocteau glaubt Kirchner nicht an die kreativitätssteigernde Kraft von bewusstseinsverändernden Substanzen.</small>

Ernst Ludwig Kirchner an AW Davos, 26.5.1929

Wildboden
d. 26 Mai 29

Mein lieber Walser,
Ihr letzter Brief sieht wirklich nicht gut aus. Ich glaube schon, dass vous n'avez pas bu, aber die Giftmengen, die in Ihrem Körper noch stecken,

cirkulieren und machen Sie doch von Zeit zu Zeit wieder besoffen. Sie können auch nicht erwarten, so schnell gesund zu werden. Sie werden sich erst besser fühlen, wenn Sie *3 Wochen lang ohne* sind. Dann erst erkämpft sich das Gesunde in Ihnen die Macht über die kranken Instinkte. Glauben Sie es mir, ich weiss es genau.

Wenn wir uns wiedersehen, will ich Ihnen einiges über solche Mittel erzählen. Jetzt muss ich trotz meines tiefen Mitgefühls mit Ihnen doch ein wenig lachen: Glauben Sie, dass man die Fähigkeit, gute Bilder zu malen, durch Mittel erreichen kann, die man aus der Apotheke bezieht? Nein, nein, das ist Unsinn, mein lieber, ebenso wie man nie ein grosser Maler werden kann, das ist man oder man ist es nicht. Sie haben gute Gaben und auch einen Geist, intelligent genug, diese Gaben zu entwickeln, d.h. sich auswirken zu machen. Wenn Sie aber so forcieren, so verschleudern Sie sie, wie man eine Pflanze durch Reize so forcieren kann, dass sie erst kurz aufblüht und dann verwelkt.

Sie sollten jetzt, wie die körperlichen Rückschläge kommen und Sie sich todwund fühlen, lieber nichts tun, oder doch nur sehr wenig, *viel liegen*, viel und gut essen, viel Salat und Gemüse, wenig Fleisch und keinen Alkohol, aber sobald Sie sich kräftiger fühlen viel viel *warm baden* und schwitzen, dann wieder liegen, bis der normale Zustand wieder erreicht ist. Es kostet *viel, viel Willen*, den ich Ihnen wünsche, denn Sie werden in der Reconvaleszenz die feinsten und zartesten Bilder malen können und das Leben wird Ihnen nachdem Sie standhaft gekämpft und sich überwunden haben, herrlich erscheinen und Ihr Stolz wird wachsen.

Ach hätten Sie mir doch ein Wort gesagt, als Sie das letzte Mal da waren, ich hätte Sie warnen können. Wie kamen Sie nur zu diesem Nonsense. Jetzt können Sie nun nur gegen diesen Irrtum arbeiten, aber Sie sind ja jung und haben Zeit. Am besten wäre es, Sie liessen sich von einem guten Arzte behandeln und machten genau, was der sagt, natürlich von einem wirklichen Menschenarzt, keinem Pfuscher oder Moralprediger. Soche Dinge haben damit nichts zu tun.

Es giebt übrigens ein gutes neues Mittel, das mit Vorteil bei Entziehungen verwandt wird. Es heisst *Tonophosphan* ich sende Ihnen den Prospekt hier. Vielleicht kennt man es in Paris noch nicht. Die Dosis ist *1 Ampulle* pro Tag. Es wirkt deshalb so gut, weil es den natürlichen Stoffwechsel im Körper gerade bei Vergiftungskrankheiten wieder einrenkt, das Herz anregt und *kein Gift ist*.

Mit diesem Leichtsinn haben Sie eben auch Ihr Nervensystem herunter gebracht, das müssen Sie nun erst wieder in stand setzen und kräftigen und *tüchtig* essen.

Sehen Sie, es ist im Leben so, dass meist nur Menschen mit grosser Güte und Menschenliebe begabt, hochkommen. So glaube ich, dass Picasso ein solcher ist. Wenn er sich für Sie interessiert, so wird es wohl deshalb sein, weil er fühlt, dass Sie Hilfe brauchen, menschlich. Und da er in Ihnen den werdenden Künstler spürt, so ist es eine gute kameradschaftliche Tat. Hatte er Ihnen nicht damals zu einem Verkauf verholfen? Er glaubt, Sie seien arm und da Sie in seiner Art arbeiteten, so konnte er Ihnen leicht zum Verkauf helfen. Sie helfen ihm auch, denn Sie verbreiten durch Ihre Bilder seine Art. Wenn Sie später Ihre eigene haben werden, dann sind Sie selbst zu den Quellen des Schaffens gelangt, der sichtbaren Welt und den eigenen Empfindungen davon, die Ihre eigene Form dann erzeugen werden. Dazu dient Ihnen auch gut diese jetzige Periode des Leidens, in der Sie gerade durch die Schmerzen sich selbst genauer kennenlernen als es sonst möglich ist. Nur müssen Sie stark sein und immer die Kontrolle behalten. Dann wird Ihnen auch die Zeit kommen, so Sie diese mich unverständliche Verehrung für die »Meister« verlieren werden, wenn sie nicht Konvention ist, wie ich vermute. Denn es gibt in der Kunst kein Gross und Klein, nur sind die Künstler verschieden je nach den menschlichen Dingen, die sie ausdrücken und gestalten.

Mein Brief ist schon recht lang geworden darum für heute gute Besserung und alles Gute

Ihr
E L Kirchner.

Brief. Tonophosphan ist, wie Kirchner betont, kein Gift, sondern ein Tonikum, ein Aufbaupräparat.

AW an Emmanuel Boudot-Lamotte   **Paris, 28.5.1929**

? 20e siècle

Bon jour
mon cher vieux
j'ai reçu ta lettre – tu écris maintenant même en allemand! bon – c'est bien si le voyage en Italie te rendait heureux – je pense à toi – *c'est 4 h du matin* – je dors buvant du café au Dôme etc. demain cher rendez-vous déjà à 9 h – ce n'est pas la peine de se coucher j'ai commencé une toile enorme Picasso et ☆ au bord de la mer – pas si mal !!!

j'étais chez mon cher Pablo Picasso aujourd'hui de 11 à 12 h

áhá! – ton plaisir la foto – je ne sais vraiment pas – excuse moi. Alors à jeudi chez moi à 6 h bons voyages (si ça t'arrive entre temps) – ton Andréas.

garde cette lettre tu peux la vendre dans 100 ans – c'est quand même un document du 20 siècle à cause du Dôme

si tu peux lire tout ça tu es très intelligent

Brief, Poststempel 28.5.1929. Der heutige Standort des am 28.5.1929 begonnenen grossformatigen Gemäldes AWs, das Picasso und Cocteau am Meer darstellt, ist unbekannt. Nach einem Besuch bei Picasso ist AW ziemlich euphorisch und bis spät Abends im Café du Dôme, wo er diesen Brief schreibt (Abb. S. 47/48). Auf der Rückseite des Briefumschlages der, wie der Briefbogen, die Adresse und das Signet dieses berühmten Künstlertreffpunkts trägt, gibt AW seine Adresse an der Rue Bardinet an und schreibt dazu folgende Präzisierung: »l'autre domicile Café du Dôme«.

LE DÔME
108, Boulevard du Montparnasse
Téléphone: DANTON 64-16
LITTRÉ 20-39

PARIS, le ? 20ᵉ siècle

Bon jour
mon cher Vieux

j'ai reçu la lettre —
tu écris mais lentement
même en allemand !
bon — c'est bien si le
voyage a Italy te ren-
dait heureux — je pense
à toi — il est 4 h du
matin — je dors buvant
du café au Dôme etc.
demain chez vendeurs — vous

AW an Emmanuel Boudot-Lamotte, Paris, 28.5.1929, Seite 1

AW an Emmanuel Boudot-Lamotte, Paris, 28.5.1929, Seite 2

Jean Cocteau an AW   **Paris, Frühjahr/Sommer 1929**

                                  (lire entre minuit et
                                       1 h du m.)

Cher fils
Est-ce que tu crois que ce rôle de vieux chef sioux ne me pèse pas et que je n'aimerais pas remplacer ma chambre de »visites« par une chambre de tendresses?
     Je suis bien ému par ta dernière lettre
     Je t'embrasse
                                  Jean 1929 ✩

Brief, vermutlich aus Paris, Frühjahr/Sommer 1929. Im Zentrum der mit Farbstift kolorierten Zeichnung in der Mitte des Blattes steht der sich kreuzende Blick zweier Augenpaare (Abb. S. 50).

Jean Cocteau an AW   **Paris, Frühjahr/Sommer 1929**

Mon Cher Andréas
Ne crois pas que je me »retirais de ton amitié«. J'ai souffert d'une crise terrible. une bête inconnue qui me mange, qui mange mon calme et mon travail et tout – j'aimais mieux crever sur place que de répondre à une lettre au téléphone.
     Du reste pourrai je faire aucun bien? Je démoraliserais un ange – un héros de fer et d'or. Je crois que ces tempêtes me désaccordent les nerfs et que c'est cela aussi dont je souffre. Jean Jean est sublime de patience, de douceur.
                                   ✩ JC

Brief. Vermutlich hat Cocteau diesen Brief im Frühjahr/Sommer 1929 in Paris geschrieben. Jean Jean ist Jean Desbordes.

Ernst Ludwig Kirchner an AW   **Davos, 2.7.1929**

                         Wildboden d 2 Juli 29
Lieber Walser,
ich bin eben aus Berlin zurück und bekomme Ihren kurzen Brief. Wie kommt es denn, dass Sie sich wieder elend fühlen. Waren Sie rückfällig? oder hat mein Brief Sie aufgeregt? Ich hatte mir schon Vorwürfe gemacht, dass ich so schrieb. Aber der Freund muss ganz offen und wahr sein, wenn er den Namen verdienen soll und vielleicht ist doch viel von Ihrer

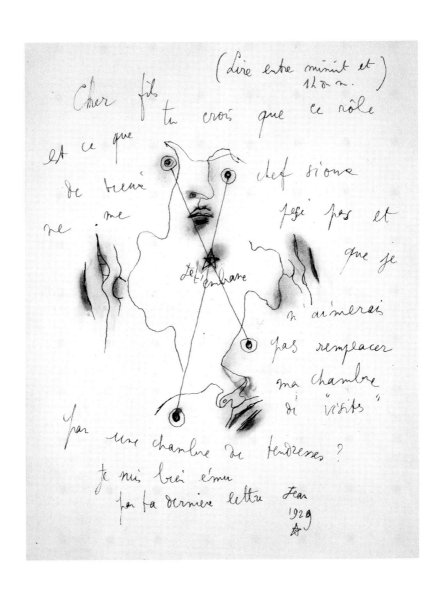

Jean Cocteau an AW, Paris, Frühjahr/Sommer 1929

Traurigkeit nur das im Dunkeln Tasten, das durch die grössere Erfahrung des älteren doch teilweise gelichtet werden kann. Kommen Sie doch bald mal zurück in die Schweiz und zu uns, damit wir wieder einmal miteinander reden können. Ich habe in Berlin auch neues für Ihr Leiden gehört. Die Medizin hat neue Mittel und Wege gefunden. Auch Bilder oder Photos möchte ich sehen von ihnen.

Ich fand in Berlin eine neue Zeitschrift aus Paris »Documents« mit Carl Einstein einen ziemlich berüchtigten deutschen Juden an der tête, unter uns gesagt. Sehr interessante neue Picasso, Schimpt auf Klee etc etc. was ist der Grund des Erscheinens dieser neuen Zeitschrift? Und warum gehen die Cahiers d'art gleichzeitig so zurück. No 2, 3 und 4 sind nicht besonders gut. Picasso scheint in den neuesten Bildern die Anregungen aus Klee zu verarbeiten, er organisiert ja oft die trouvailles anderer und bringt sie in Gesetze.

War in der Antikensammlung in Berlin. Auf den Vasen findet man wirklich alle Stile Picassoscher Formung und auch die anderer. Das soll keine Verurteilung sein etwa, nur eine Erklärung und Aufzeigung der Verschiedenheit der Arbeitsart. Der Deutsche taucht in Leben und Phantasie und reine Form bildet sich daraus fast ohne verstandesmässigen Prozess, der Romane organisiert mit scharfem Intellekt konstruktiv. Aus beider Verbindung erhoffen die Kritiker die höchste Vollendung der Kunst. Wer weiss?

Jedenfalls ist es schön und interessant heute zu kämpfen und Sie sollten schnell machen, dass Sie gesund werden, alle Kräfte werden gebraucht.

Lassen Sie bald wieder von sich hören
Alles Gute inzwischen

Ihr
E L Kirchner.

Brief. Kirchners Abneigung gegen Carl Einstein hat einen konkreten Grund. Kirchner versuchte auch bei Einstein Einfluss auf die Rezeption seines Werks zu nehmen, was ihm in diesem Fall misslang. Einstein verzichtete nämlich im Band über die *Kunst des 20. Jahrhunderts*, den er für die Propyläen-Kunstgeschichte verfasste, auf Abbildungen von Werken Kirchners, weil er seinen Text vor der Drucklegung Kirchner nicht, wie von diesem gefordert, zur Durchsicht überlassen wollte. In einer Anmerkung wies er ausdrücklich darauf hin, dass aus diesem Grund keine Werke Kirchners abgebildet seien (vgl. Carl Einstein, *Die Kunst des 20. Jahrhunderts*, Propyläen Kunstgeschichte, Bd. 16, Berlin 1926, S. 126). Verantwortlich für die Zeitschrift *Documents* waren, neben Carl Einstein, Georges Bataille und Michel Leiris.

Augusto Giacometti an AW   **Zürich, 3.7.1929**

Zürich, 3. Juli 1929
Rämistrasse 5

Lieber Herr Walser,
Was machen Sie und wie geht es Ihnen? Bald ist es der 14. Juli, und ich

weiss wie dann die Stimmung in Paris ist. Werden Sie dann heimkommen? Ich glaube man soll im Sommer nicht in Paris bleiben. Wenn Sie über Zürich kommen, dann besuchen Sie mich. – Vor 14 Tagen war ich in Italien, in Venedig und in Florenz. Venedig ist prachtvoll. Sie müssen dann schon einmal hingehen. – Ich habe den Auftrag erhalten eine Ideenskizze zu machen für ein grosses Fenster im Fraumünster in Zürich. Ich freue mich darüber. Die Entwürfe für die Fenster im Grossmünster (die Sie kennen) sollen nächstens im Grossmünster ausgestellt werden. Für heute viele herzliche Grüsse.

Ihr Augusto Giacometti.

Brief. AW verbringt den Sommer 1929 in Graubünden, er hält sich in Chur, Bergün und Disentis auf. Am 13. Juli trifft er in Zürich Augusto Giacometti und den Dichter Hermann Hiltbrunner (1893–1961), wie aus einem Brief hervorgeht, den AW an diesem Tag an Bärby Hunger schreibt. Giacometti verspricht ihm bei dieser Gelegenheit ein kleines Blumen-Stilleben und von Hiltbrunner erhält AW unveröffentlichte Texte.

Ernst Ludwig Kirchner an AW　　　　　　　　　　　　　　　　Davos, 19.7.1929

Lieber W.
Soeben kommen Ihre schönen Photos. Ich erwarte Sie schon mit Ungeduld. Es ist ein Bauhausmaler hier, den ich Ihnen gern vorstellen möchte damit der Süden und der Norden sich treffen. Es sind feine Sachen dabei bei Ihren Photos.
   Herzliche Grüsse
                                    Ihr
                                    E L K

Ansichtskarte, Poststempel 19.7.1929. AW schickt Kirchner öfters Photographien von seinen neuesten Arbeiten. Fritz Winter (1905–1976), Schüler am Bauhaus, ist im Sommer bei Kirchner auf dem Wildboden. Vermutlich beabsichtigt Kirchner bei dieser Gelegenheit AW davon zu überzeugen, dass ein Studienaufenthalt am Bauhaus auch für ihn das Richtige wäre. Kirchner hatte AW schon bei früheren Besuchen auf das Bauhaus aufmerksam gemacht.

Ernst Ludwig Kirchner an AW　　　　　　　　　　　　　　　　Davos, 12.8.1929

Wildboden d. 12 Aug
29

Mein lieber Walser
ich danke Ihnen für Ihre Briefe und die Skizzensendung. Ihr letzter Brief hat mich ein wenig erschreckt. Nicht wegen seines Inhaltes als wegen des nervösen Zustandes, in dem Sie ihn geschrieben haben. Es war vielleicht

noch nicht richtig von mir, Sie mit Winter zusammen zu bringen, wenigstens nicht so, wie es geschehen ist durch die Umstände. Sie müssen das schon entschuldigen. Ich hatte nur das Bestreben, Ihnen in ihm einen jungen Deutschen zu zeigen, der sich mit Malerei befasst und versucht, die deutsche Moderne weiterzubringen. Er kommt ja aus einem ganz anderen Milieu als Sie und ich und seine Form, sich zu geben ist ganz anders sehr derb und grob oft, aber doch ehrlich und das ist sehr sehr viel. Und wenn er Ihnen etwas sagte in seiner Art so meinte er es sicher gut, wenn er es auch für Sie zu grob einkleidete.

Dass seine Schrift etwas merkwürdig aussieht, habe ich auch empfunden und es ihm vor Wochen schon gesagt. Er ist halt auch etwas nervenkrank und daher kommt vielleicht vieles. Ich kann sie auch nur mit Mühe lesen. Bringen Sie den Brief von ihm doch mit, den Sie so schlecht lesen können, wir entziffern ihn schon zusammen. Kommen Sie nur ja noch einmal her.

Ihre Zeichnungen haben ihm grossen Eindruck gemacht. Es wirkt auf die Deutschen immer, wenn etwas schnell und mit Verve gemacht ist, sie werden davon so mitgerissen, dass sie oft das Eigentliche vergessen.

Ich fand auch einige davon sehr interessant, aber mir sind doch durchgeführte Sachen eigentlich lieber von Ihnen. Sie passen mehr zu Ihnen, wie ich Sie kenne, wenn sie aus zarten Erinnerungen aber doch klar aufgebaut sind.

Solche Erregungszustände, wie einer aus dem Briefe spricht, kommen sicher noch aus der Rekonvaleszenz und werden sich ausbleiben, wenn Sie erst mehr als *3* Wochen ohne c sind. Halten Sie nur durch, das ist das *Wichtigste* für Sie jetzt. Denn um als Maler leben, muss man vor allen Dingen *gesund* sein und unabhängig. Sie sahen so wohl und gesund aus diesmal. Im Winter dagegen wie ein alter Mann gelb und faltig im Gesicht.

Glauben Sie mir, ich weiss es, wie es ist. Ich habe viel durchgemacht im Leben. Zerstören Sie sich nicht selbst, Sie werden es bereuen, wenn es geschehen ist. Es kostet viel Willen, aber jeder solcher Willensakt macht einen glücklich und man fühlt seine Kraft wachsen, die wirkliche, nicht die vorgetäuschte aus dem Mittel. Und dann möchte ich Sie noch um etwas bitten. Es ist gewiss menschlich edel und schön, dass Sie immer so für meine Arbeit bei Händlern und Kunstmuseen wie in Zürich eintreten. Es wäre aber besser und klüger, es nicht zu tun. Ich kann auf viele Ihrer Anregungen mit den Pariser Händlern nicht eintreten, weil ich meine Arbeiten seit Jahren in anderer Weise im Kunsthandel habe und so stehen Sie dann bei denen, wo Sie so freundlich für mich eingetreten sind dann wieder merkwürdig da, wenn ich nichts tue. Ich kann aber nicht zuerst an den Händler schreiben. Er muss es tun, wenn er Interesse hat. Der Direktor Wartmann Zürich hat bis heute noch nichts von sich hören lassen, trotzdem ich ihm auch geschrieben hatte. Der denkt nun sicher, ich hätte Sie dazu angestiftet, ihm über mich zu schreiben. So durchkreuzen Sie unsere guten Absichten selbst, mein lieber, und es wäre besser, wir tun es nicht. Sie müssten auch viel mehr für sich selbst eintreten als für andere.

Das ist nur natürlich und richtig. Ich bin gewiss froh, in Ihnen einen so lieben Freund zu haben, aber ich möchte Ihnen nützlich sein, nicht Sie ausnutzen. Verstehen Sie, was ich meine?

Also kommen Sie nur bald nochmal vorbei und nehmen Sie herzliche

Grüsse von Ihrem EL Kirchner
Und seien Sie ruhig und fest immer.

Brief. AW und Fritz Winter haben sich vermutlich nicht so gut verstanden, wie Kirchner sich das erhofft hatte. Leider wissen wir nicht, was Fritz Winter AW im erwähnten Brief schreibt. In einem Brief an das von Dr. Wilhelm Wartmann geleitete Kunsthaus in Zürich bittet AW im August um Aufnahme in eine für den Herbst geplante Ausstellung internationaler Kunst. Zur Bedingung für seine Teilnahme macht AW die Präsentation neuer Arbeiten von Kirchner. Da in Zürich nur die Begründer des Surrealismus ausgestellt werden sollen, kommen weder Kirchners noch AWs gegenständliche Bilder für die Ausstellung in Frage. In der Ausstellung »Abstrakte und surrealistische Malerei und Plastik«, die vom 6. Oktober bis zum 3. November 1929 dauert, sind schliesslich verschiedene Strömungen präsent. Über vierzig Künstler nehmen daran teil. Otto Meyer-Amden (1885–1933) ist der einzige Schweizer unter ihnen.

AW an Bärby Hunger　　　　　　　　　　　　　　　　**Bergün, 28.8.1929**

Mein liebes Bärby
nur noch ein kurzer lieber gruss – morgen früh fahre ich zu Kirchner u. Papa Mama & Peter gegen Abend nach Chur

Es war doch sehr schön hier u. man war so lieb zu mir – dies tut allemal wohl

ich bin auch ruhiger geworden – und bin froh darob.

jetzt geh ich Kaffee trinken, was wir immer nach M. essen tun (!!!!) Und er ist gut hier

30.8 29　　　　　　　　　　　　　　　　Leb wohl Dein Andréas.

Brief, Poststempel 28.8.1929. Von Bergün aus, wo er mit seiner Familie einen Ferienaufenthalt verbringt, besucht AW vor der Rückreise nach Chur noch einmal Ernst Ludwig Kirchner in Davos.

Erich Maria Remarque an AW　　　　　　　　　　　　　　**Berlin, 5.9.1929**

E. M. Remarque　　　　　　　　Bln. Wilmersdorf, d. 5. Sept. 1929.

Herrn Andreas Walser,
z. Zt. Chur (Schweiz).

Sehr geehrter Herr Walser!
Ich danke Ihnen für Ihren freundlichen Brief, der mir sehr viel Freude

gemacht hat, da gerade Briefe aus dem Publikum für mich die wertvollste innere Bestätigung zu meiner Arbeit sind.

    Mit den besten Wünschen

Ihr
ergebener
Erich Maria Remarque

Brief. AWs Brief – vermutlich hat er den soeben erschienen Roman *Im Westen nichts Neues* gelesen – scheint für den Schriftsteller Erich Maria Remarque (1898–1970) nichts weiteres als ein Brief aus dem Publikum zu sein. Mehrere Skizzen dokumentieren, dass AW an einem Portrait von Remarque arbeitete. Möglicherweise ist das Gemälde verloren, denkbar ist auch, dass AW nach dieser ziemlich nüchternen Antwort auf seinen wohl begeisterten Brief das Portrait nie ausgeführt hat.

Augusto Giacometti an AW   Zürich, 20.9.1929

Zürich, 20. Sept. 1929

Lieber Herr Walser,
Herzlichen Dank für Ihre beiden Briefe. Ich freue mich darüber, wenn Sie auf Ihrer Fahrt nach Paris bei mir vorbeikommen. Vielleicht bringen Sie einige Photos mit von Ihren Arbeiten. Es würde mich interessieren. Auch wenn man bei Photos die Farbe nicht sieht. Ich bin in Zürich noch bis Anfangs Oktober.

    Mit herzlichem Gruss   Ihr
                                                           Augusto Giacometti

Brief. AW informiert mit aktuellen Photographien Augusto Giacometti, Jean Cocteau und Ernst Ludwig Kirchner immer wieder über den neuesten Stand seiner Arbeit.

Ernst Ludwig Kirchner an AW   Davos, 23.9.1929

Wildboden d. 23 Sept 29

Lieber Walser,
eben kommt Ihr Brief mit der Bitte der Rücksendung Ihrer Gedichte. Ich sende sie Ihnen heute nachmittag gleichzeitig mit diesen Zeilen. Die Gedichte sind gewiss schön und schlicht in der Sprache und es gefällt mir, dass sie ohne Reime doch Rhythmus haben.

    Schade ist es nur, dass Sie nur die Melancholie, die in Ihrem Alter ja in jedem Menschen ist so bewusst kultivieren und dadurch nicht die andere Seite des Lebens, die überschäumende Lust sehen wollen, die zum inneren Gleichgewicht gehört. Ich lege Ihrem Buche den Whitman bei, meinen Lieblingsdichter. Bitte lesen Sie ihn und senden Sie ihn mir zurück, bevor Sie wieder nach Paris fahren. Mir hat Whitman oft geholfen in jungen Jahren, wenn ich traurig war, vielleicht bläst er auch Ihnen etwas Mark in die Knochen. Sie beschäftigen sich zuviel mit sich selbst, das ist ungesund. Es geht Ihnen äusserlich jedenfalls zu gut, darum haben Sie überschüssige Kraft, die sich gegen Sie selbst wendet, wenn Sie sie nicht ableiten. Sie sollten etwas Sport treiben, der Ihnen Ausarbeitung giebt. Arbeiten Sie jetzt etwas? Suchen Sie doch etwas nach der Natur zu malen. Ganz einfach und schlicht. Chur hat doch sicher schöne Plätze dazu. Das gibt Ihnen wieder etwas Kraft. Recht grosse Flächen sollten Sie bemalen und richtig farbig, nicht bloss skizzieren, oder schnitzen Sie Figuren aus Holz oder Stein, das wäre etwas. Nur Arbeit leisten. Dann gehen solche hysterische Anwandlungen von selbst weg. Ein Mensch wie Sie in bevorzugter Stellung im Menschenleben, ohne materielle Not und begabt und tätig im schönsten Beruf, den es gibt, muss wirklich ein wenig heller in die Welt blicken.

Wenn Sie tüchtig und anhaltend arbeiten, kommen Ihnen auch keine trüben Gedanken und auch Sie haben das nötig, wenn Ihre Eigenart in der Kunst herauskommen soll, trotzdem oder vielleicht gerade weil Sie leicht arbeiten. Herr Zehnder schrieb neulich, er freue sich sehr darauf, Sie in Paris zu sehen, schliessen Sie sich ihm ein wenig an. Er ist ein sehr guter und aufrichtiger Mensch. Wie wird es nun mit Dessau?
Besten Gruss
Ihr E L Kirchner

Kommen Sie doch einmal her, bevor Sie nach Paris gehen. Wir sind jetzt allein.

Brief. AW überlässt Kirchner vermutlich bei einem seiner Besuche neue Gedichte zur Lektüre, denn im Sommer hat er kaum oder gar nicht gemalt, sondern nur etwas skizziert und aquarelliert. Kirchner empfiehlt AW im Gegenzug ein Buch des Amerikaners Walt Whitman (1819–1892), möglicherweise *Leaves of Grass*, zur Lektüre. Herr Zehnder ist der Maler Rudolf Zender, der sich bei Jeanne Bucher für Kirchner eingesetzt hatte. Mit Dessau meint Kirchner das Bauhaus in Dessau. Ende September reist AW nach Paris. Er bezieht ein Zimmer im Vénétia-Hôtel am Boulevard Montparnasse, wo er bis im Januar 1930 bleibt.

AW an Bärby Hunger   **Paris, 5.10.1929**

le 5. 10. 29
Dienstag-Morgen
ich lese Deinen Brief – es ist jetzt alles vorbei – ich kann morgen aufstehen – ohne die ausserordentliche Hilfe eines Freundes wäre ich diesmal elendiglich zugrunde gegangen – das gebe ich zu. Ich nahm mehrere Gramm Morphium. Noch schmerzen mich d. vielen starken Einspritzungen – aber viel weniger als gestern. Ich bin geistig angeregt wie nie und schreibe Aphorismen für mich –

Nein, komm nicht nach Paris. Ich freute mich so, Dich zwischen P. u. B. zu finden, wo wann u. wie Du willst. Schreibe mir von Basel aus – nur komme ich wegen d. langen Reise nicht gerne nach Basel aber etwa 2–3 Stunden davon entfernt. ich verstehe *jetzt* alles, Deine Sorge und all Deinen Schmerz – aber wir wollen dann d. nächsten Tage davon reden! einstweilen es niemand sagen.

Es ist lächerlich aber wahr: der tötende Schmerz der verschiedenen Gegengifteinspritzungen – nicht mehr koffein erschrecken mich so sehr, dass ich glaube, es zum letzten mal getan zu haben. Aber Du weisst ja, was es bedeutet, sich von Mo. zu entwöhnen!

Schreibe mir bald u. sei ruhig. Du wirst mich in gutem Zustand treffen – wo Du willst u. *ich freue mich* Dich zu sehen

Dein A.

Brief (auszugsweise in *Konkursbuch* 23, 1989, publiziert). Bärby Hunger und AW treffen sich nach AWs Krise nicht, wie AW vorschlägt, zwischen Paris und Basel, sondern in Paris.

AW: »Aphorismen« **Sommer/Herbst 1929**

Mancher schaut vom Balkon hinab
und glaubt über dem Leben zu stehen.
Die aber, die über dem Leben stehen
atmen in hohen Schichten
dünnere Luft.
… nur wenige kommen damit aus.

… dass die Menschen sich immer
fremd
bleiben
das ist der einzige Sinn des Lebens …

… ich liebe stumme Bilder.
Bilder sollen nicht sprechen wollen.
Ich sehne mich nach stummen Menschen.
Aber der Mensch meint immer sprechen zu
müssen.
Wenn alle schwiegen
wären alle vollkommen …

Die Natur vergeudet viel zu viel
an die Menschen.
Und wir Menschen vergeuden viel zu
wenig an die Natur …

Ein schöner Körper ist viel
seltener als ein schönes Gesicht.
Der Körper trägt keine Masken.
Und eine schöne Jünglingsgestalt
ist der vollkommenste Typus des
Menschen ...

Wir geben uns Gesetze
in unserer Enthaltsamkeit.
Die Natur hat Gesetze
in ihrer Überschwänglichkeit ...

Unveröffentlicht, vermutlich Sommer/Herbst 1929.

AW: »De mon balcon je vois la lune ...«   Paris, Herbst 1929

de mon balcon je vois la lune
aller se coucher
il est si tôt
elle n'était jamais si belle
que ce matin
elle va se reposer – elle
tombe derrière St. Cloud –
sainte colline,
j'y passais autrefois les heures les plus
heureuses de ma vie.

arrête-toi un peu
éclaire cette ville
c'est elle qui est digne de ta lumière

de mon balcon je vois la lune aller se coucher

Unveröffentlicht, vermutlich in Paris im Herbst 1929 entstanden.

AW: »On l'a dit mille fois déjà ...«   Paris, Herbst 1929

On l'a dit mille fois déjà – on l'a fait depuis des années. Inventez quelque
chose de nouveau, si vous voulez avoir du succès, on me dit.
    jeunes artistes – n'entendez pas ces voix. Ils nous tuent.

Inventer – ? Pour ça nous sommes venus trop tard. –
je ne cherche plus. Mon oeil est ouvert où les autres passent aveugles. Mon esprit est en route vers la terre.

Je sens l'éternité dans les choses les plus simples. Il y a une force qui me pousse dans la simplicité. Je regarde ma main – et je me dis je suis – donc je m'aime. Si j'arrive à être simple – je n'ai pas vécu en vain.

Soyons forts dans notre simplicité. Et simple dans notre force.

Unveröffentlicht, aus dem Manuskript »Le Balcon«, einer Sammlung von Texten und Zeichnungen, Herbst 1929

AW: »Quelquefois – dans mes rêves ...«   Paris, Herbst 1929

      Quelquefois – dans mes rêves
je vois une lumière
une lumière sans forme
      sans couleur
elle apparait
elle disparait
elle revient
      c'est la gloire.
      Et quelquefois dans mes rêves je vois une ombre
une ombre sans forme.
      sans couleur
elle apparait
elle tombe sur moi
elle me touche
puis elle s'envole
      c'est la mort.

Unveröffentlicht, aus dem Manuskript »Le Balcon«, Herbst 1929.

AW: »Aphorismen«   Paris, Herbst 1929

voyager – ça ne vaut pas la peine
on voyage en vivant

j'adore les drogues
elles tuent

il y a qu'une douleur –
être mort dans le coeur d'un ami.

tout le monde craint la mort
je crains la vie

la France et surtout Paris n'est qu'un jardin abandonné –
où de temps en temps poussent les plus belles fleurs.

une mauvaise cigarette est comme la vie –
on la fume et on la jette ...

la politique c'est une fièvre
il y a des crises et des calmes –
automne 1929 en France et en Allemagne.

les grandes villes sont comme les grands génies
interessants et ennuyants en même temps –
il faut pardonner à tous les deux à cause de leur grandeur.

jetez tous les livres, excepté une douzaine bien choisie –
et allumez les –
vous verrez quelle fumée sale – et quelle odeur.

ailleurs on écrivait quand on croyait d'avoir à dire
quelque chose –
je vous dis: écrivez quand vous n'avez rien à dire –
ce serait la vérité.

j'attends. Quoi donc? J'attends depuis si longtemps –
– j'attends l'heure où je n'attendrai plus.

Il n'y a que deux couleurs: noir et blanc
Noir la vie, blanc la mort – ce qu'on a oublié depuis longtemps.

Vivre jeune, vivre la propre vie de jeunesse, voir tout –
croire tout – faire tout – laisser tout – et puis –
jeune encore rêver de tout – attendre et s'endormir et ne
plus se réveiller.
jeune, jeune, jeune. ainsi soit-il.

Mes amis – jeunes hommes de partout, je sens la fin – je la vois – elle me touche – mon coeur bat encore une fois pour vous, votre jeunesse, votre beauté, votre amour – ma main tombe – la mort est si douce, si tendre. C'est fini.

Quelque fois le Boulevard me rappelle tout ce qu'on a fait du bon et du
mal de Pissarro à Monet –
des longues rues qui se perdent dans le brouillard.
Ils ont fait de belles fotos ces peintres là.

Je connais des »poêtes« qui cherchent, qui travaillent –
et puis ils écrivent –
je fume une cigarette et je couvre des pages.

<small>Unveröffentlicht, vermutlich alle im Herbst 1929 in Paris entstanden.</small>

Les plus grands artistes sont inconnus –
un chef-d'oeuvre est toujours anonyme.

<small>Unveröffentlicht, aus dem Manuskript »Le Balcon«, Herbst 1929.</small>

Emmanuel Boudot-Lamotte an Bärby Hunger   **Paris, 4.11.1929**

Lundi 4 Nov.

Chère Mademoiselle,
Notre enfant terrible est encore malade – il s'est rendu malade comme
d'habitude, il est incorrigible, je suis moi même un peu desespéré – toute-
fois aujourdhui bien soigné et à temps il ira mieux dans trois jours et me
prie de vous écrire car il désire vous voir n'emporte où entre Bâle et Paris
et voudrait que vous lui écriviez à ce sujet en fixant vous même tout de
suite le jour et l'endroit –
    Excusez-moi de vous écrire au crayon etant assis sur le lit d'Andréas
au dessus de la chambre que vous occupiez il y a peu de semaines –
    Sans vous connaitre encore, mademoiselle, croyez bien que je suis
votre vieil ami
Boudot Lamotte
Andréas

<small>Brief. Am 4.11.1929 schreibt Nel (Emmanuel Boudot-Lamotte), nach AWs zweitem physi-
schen Zusammenbruch seit dessen Rückkehr nach Paris, den hier publizierten, auch von AW
unterzeichneten Brief. Die Bezeichnung enfant terrible ist zweifellos eine Anspielung Nels
auf Cocteaus 1929 erschienenen Roman *Les Enfants terribles*. Wieder will AW Bärby Hunger
treffen, eine Begegnung zwischen AW und Hunger findet im November 1929 aber nicht statt.
Bärby Hunger schreibt Kirchner auf AWs Wunsch, wie es um die Gesundheit von AW steht.
Dieser rät zu einer mehrwöchigen Entziehungskur.</small>

AW an Bärby Hunger **Paris, 24.11.1929**

Du liebes Bärby,
ich habe heute morgen Deinen u. zugl. Walters Brief erhalten. Nun: ich *bitte* Euch – Ihr Lieben – sorgt Euch nicht jetzt um mich – *es geht*! Ich stand auf – ging aus und habe eben wieder ein Bild gemalt – Es ist 4 1/4 morgens. (Samstag-Sonntag nacht)

Ich kann ja doch nicht schlafen, obwohl ich *todmüde bin körperlich* – Liebes Bärby – nun wird alles so einfach. In ca 3 Wochen denke ich hier »wegzuziehen« nach Chur – was ich noch nicht nach hause verkündet habe – erst aber *ruhe* ich mich hier noch aus – damit ich »sehenswürdig« in Graubündens Kapitale einkehre – denn jetzt gleiche ich einer gotischen Fratze. Von Schönheit ist längst keine Rede mehr. »Es« hat sich alles unvertuschbar eingezeichnet – ich habe – wenn ich denke: seit Anfang Oktober bis also Anfang Dez. 2 Monate *eine ganz verrückte Arbeit* geleistet, und da es mir niemand rühmt, tu ich es eben mir selbst. Mein Freund Nel schreibt eben das *Buch für René Crevel* nach meinen Diktaten – da ich nicht dazu imstande bin – ich habe ständige Armschmerzen von Erkältungen.

Und nun: d. Hauptsache, nur Dir und Walter: nächsten Dienstag habe ich mit einem Spez. arzt R.-V. zur genauen Innenuntersuchung, bes. Lunge, da ich oft starke Schmerzen habe und Atemschwierigkeiten – *Es ist sicher nichts* – u. ich will diese ärztliche Untersuchung für Euch.

ach – es ist so seltsam – all mein Sein jetzt. u. wo allewelt schläft – alles was jung ist – liege ich am Boden u. male od. schreibe auf d. Bette liegend Briefe, und Seite für Seite – ganze Bücher und schlafe nie vor 6 h morgens ein dann *nie* natürlich. Und da ich mich jetzt allen Ernst *ohne Morphium* halte ist's eben hart. Stell Dir das so ganz vor Bärby, wie schwer das ist, dann verzeihst Du mir, wenn ich Dir im letzten Brief – unbewusst in gereiztem Ton schrieb. –

Ich habe viel an Mass verloren oder gar alles – bin masslos im letzten geworden u – bis ins Leiden masslos. Immer wieder möchte ich einfach *fort – ganz fort*. Und dann glaub mir das, Nur um der zu grossen Liebe willen die ich zu Hause u. bei Dir und Walter habe bleibe ich – sonst ist nichts leichter, als fertig zu machen jetzt. Es wäre so ruhig dann u. schön – denn meine Bilder *bleiben*, die werden später von mir sprechen, dann wird man sehen, dass ich gelitten u. überglücklich gearbeitet habe. Und ich steige immer noch, obwohl ich so oft zweifle an allem Fortschreiten. Aber nur in Paris, in diesem *mich auffressenden Gewühl* u. zugleich *dieser himmlischen Schönheit d. Stadt* u. nur so ganz masslos unten u. oben, nur so kann ich Künstler sein. ach ich wusste es ja schon Jahre vordem.

– heute sah ich Suzanne Valladon (Utrillos Mutter) d. berühmte Malerin kommt nächste Woche zu mir. Mon. od. Dien. gehe ich auf R.V. zu Colette.

Lebe wohl u. sei ruhig Bärby

> Dein schlafloser A.
> 5 h morgens
> ☆

Brief (stark gekürzt in *Konkursbuch* 23, 1989, publiziert). AW möchte sich keiner Kur unterziehen und will allein von seiner Sucht loskommen, wie er in mehreren Briefen gegenüber Bärby Hunger betont. Das Buch, an dem AW und Nel arbeiten, ist vermutlich eine Übersetzung von René Crevels Roman *Etes-vous fous?* von 1929. Aus dem Ton des Briefes geht hervor, dass AW die Malerin Suzanne Valadon (1865–1938) vermutlich nicht zum ersten Mal trifft. Die Schriftstellerin Colette (1873–1953) hat er bereits im März 1929 portraitiert (Abb. S. 79). Nachträglich schreibt AW auf den Rand des Briefbogens: »Rausch ist *schwer krank* aus Italien nach München gekommen (Gallenstein) *herzlichen* Dank für die Briefbeilage !!!!!!! ich bringe dann ein paar *bücher* mit.«

Klaus Mann an AW　　　　　　　　　　　　　　　　　**Berlin, 25.11.1929**

> Berlin W 15, den 25. XI. 29

Lieber Andreas Walser –
was mich betrifft, ich hätte alles Interesse darin, dass eine deutsche Ausgabe von Desbordes zu Stande käme; ich will auch alles dafür tun, was irgend in meinen Kräften steht, zum Beispiel ein Vorwort schreiben. Ich will mit meinem Verleger – S. Fischer – darüber sprechen. Aber grosse Hoffnungen machen kann ich nicht. Die Verleger sind widerspenstig; mit Desbordes wird kein Geschäft zu machen sein.
　　Ich lasse von mir hören, sowie etwas akut wird.
　　Im Januar hoffe ich Sie in Paris zu sehen.
　　Herzlich

> Klaus
> Mann

Brief. Es geht bei der Übersetzung um das erste, 1928 erschienene Buch von Jean Desbordes, *J'adore*. Über das weitere Schicksal dieser Übersetzung, an der AW einige Zeit arbeitet, ist nichts bekannt.

AW: »De la photographie de demain«　　　　　　　　　**Paris, Ende 1929**

On connaît l'influence inouïe de Pablo Picasso – il a transformé toute la peinture d'aujourd'hui. Je l'ai vu, je le connais, je le parle – Picasso est singulier au monde.
　　Où est le Picasso de la photographie? – On connaît Man Ray. Il a inventé une photo »moderne«. Sa seule faute: il fait de la peinture. Qu'il me pardonne! J'attends encore le photographe de demain. Il viendra. J'en suis sûr.

Autrefois on se contentait de tout. L'esprit d'aujourd'hui est plus critique. Je rêve de la simplicité. En Allemagne on en rêve et Man Ray en rêve lui aussi. Il créait des photos qui resteront.

Il ne s'agit plus de photographier n'importe quoi. *La photographie est une occasion d'exprimer notre âme* (si l'on en a).

Je connais un jeune adorable photographe à Boulogne qui m'a appris son métier – *M.T.* Je n'avais pas grande chose à apprendre. La photo dont je rêve »est un art« – inconnu encore. On apprend pas l'art. Il dort en nous – si nous en sommes doués.

Je fais de la peinture et je vis de l' espérance qu'un jour – bientôt – on aura la photographie qui correspond à notre époque. En travaillant, en cherchant – nous la trouverons.

<small>Unveröffentlicht, vermutlich 1929, vielleicht Ende des Jahres entstanden. Ob AW nur die Arbeit von Man Ray (1890–1976) kannte oder ob sich die beiden Künstler auch persönlich begegnet sind, ist nicht bekannt. M.T. ist der Photograph Maurice Tabard (1897–1984).</small>

AW an die Zeitschrift Variétés   **Paris, 2.12.1929**

2–12–29
Variétés
Bruxelles

Monsieur
Enfin je vous envois les fotos promises – et un petit article que vous publierez aux variétés. J'étais longtemps malade – à cause de cela mon retard.

Il me ferai plaisir de vous envoyer de temps à temps de mes travaux bien à vous

Andréas Walser
Paris

<small>Brief. Die wichtige, von Paul Gustave van Hecke in Brüssel herausgegebene Avantgarde-Zeitschrift *Variétés* existiert seit Mai 1928, die letzte Nummer erscheint im April 1930. Weder ein Artikel noch Photographien AWs wurden je darin publiziert. Für die Veröffentlichung in *Variétés* hat AW vermutlich »De la photographie de demain« ausgewählt.</small>

Jean Cocteau an AW   **Paris, 8.12.1929**

Cher Andréas
Il ne faut pas m'en vouloir. J'ai eu un travail fou et des ennuis sans nombre. Je repars et reviendrai dans 15 jours.

   Tendresses   Jean

☆

Brief, Poststempel 8.12.1929. Er belegt, dass der Kontakt zwischen AW und Cocteau Ende 1929 weiterhin besteht, auch wenn sie sich vielleicht weniger oft treffen als in der ersten Hälfte des Jahres.

AW: »Pablo Picasso« **Paris, Ende 1929**

Der Jüngling, der zwanzigjährig aus Spanien kam, war sich seiner inneren Kraft wohl bewusst, aber noch mochte er selbst kaum geahnt haben, welch gewaltige Bedeutung dereinst sein Werk haben werde. – Niemand ahnte es.

Er hatte früh mit malen begonnen. Im ersten Jahrzehnt schon. Und er kam nicht durch Zufall zur Kunst. Als er Spanien, seine Heimat, verliess nahm er ein reiches sicheres Können mit sich nach Norden – in die Hauptstadt der Kunst. Es galt eine Fortsetzung, keinen Anfang mehr.

Er war kurz gewachsen und die schwarzen Haare, die ungeordnet über das dunkle Anlitz fielen, zeigten den Südländer. Er wuchs kaum mehr. Ist heute noch klein. Und die Farbe auf seinem Gesichte wich nicht. Vielleicht dass auch die Sonne von Juan-les-Pins ihren Teil daran hat. Sein Gang ist lebhaft und seine Sprache mild. Und die Augen funkeln von seltenem Feuer.

Dies alles weist ihn noch in das Land jenseits der Pyrenäen. Sein Werk aber gehört der Welt.

Einer schrieb irgendwo, wenn man Picasso nach seiner Landeszugehörigkeit früge, er würde antworten, ich bin nicht Spanier, ich bin Pablo Picasso.

Dieser eine Mann hat die Malerei seiner Zeit nach seinem Willen und seiner Kraft geformt und gebildet. Auf hergebrachtem Boden hat er aufgebaut nach seinem gestrengen Plane. Und ging dann durch alle Möglichkeiten der Malerei hindurch, von einem bis zum anderen Ende. – Heute schafft er als der einflussreichste Künstler der Welt.

Sein Erfindungsvermögen ist unergründlich. Seine Fantasie kennt keine Grenzen. Und immer wieder gelingt es ihm alle Welt in Staunen zu versetzen. Wieso – das weiss er wohl selbst nicht. Dieses Wechselvolle, In-sich-selbstverständliche ist das Rätsel seines Künstlertums, das Wunder seiner Grösse.

Mit der Natur begann er. Und schöpfte je für je aus ihr. Mit ihr wird er enden. Alle Wege führen ihn zu ihr zurück. Ihre letzten Geheimnisse zu suchen tut er sein Werk. Sie wies ihn die Bahn der kubistischen Abstraktion, die er schuf und als erster aufgab. Sie trieb ihn von Versuch zu Versuch. Und jetzt wo sie sich ihm scheinbar ganz aufgetan hat, er lässt nicht ab zu suchen.

Was liegt daran, einzelne Epochen seines Schaffens zu unterscheiden, zu trennen, Urteile zu fällen? Ist denn nicht alles Eines bei ihm? Ist echt und tief wahr – weil es so ungezählte Male sich ändert –, denn nur Gedanken, die sich ändern sind wahr ...

Wenn der reife Meister heute vor einer seiner Riesenleinwände steht, worauf er zwei, drei Flächen komponiert, zwei, drei Linien zieht, so ist es für ihn noch ein Suchen und die Gewissheit zugleich, neue Möglichkeiten des Ausdrucks zu finden.

Während der Kunstmarkt laut schreit und alle des Faches sich um seinen Namen drehen, steht er still versunken drüber und formt mit dem Glauben eines spielenden Kindes Drähte und Eisenstücke zu kleinen Plastiken oder zeichnet Blatt für Blatt.

Wem es aber gelingt, klar sein Schaffen zu überschauen, der wird gewahr, wie streng dies Werk sich aufbaut. Der wird auch die innere Fülle erkennen, die vielleicht einzig ist in der Geschichte der neueren Malerei.

Er geht den Weg zur letzten Einfachheit. Dort steht er jetzt und baut die grossen Flächen auf, die von ungeheurer Intensität sind.

Wer weiss, wo er morgen hindenkt?

... klein von Gestalt, die schwarzen Haare von rechts über die Stirn herniederhängend, so stand er da, als ich ihn vor einem Jahr zum ersten Mal sah. Und als ich sein Hand fühlte und diese Augen schaute, ward mir wie nie zuvor seine ganze Grösse offenbar ...

Der Malerei Anfang und Ende scheint heute bei ihm zu liegen –
  bei Pablo Picasso.

Unveröffentlicht, vermutlich Ende 1929 in Paris entstanden. AW trifft Picasso erstmals im Dezember 1928.

AW an Bärby Hunger   **Paris, 10./11.12.1929**

10/11-12-29

Ma chère Bärby
je te remercie ta lettre –
peu a peu je vais mieux
du moins j'ai meilleure mine.
Je rentre bientôt
Je viendrai chez toi
nous nous reverrons et nous oublierons notre tristesse – nos douleurs –
crois à moi
je t'embrasse

                                           ton
                                           Andréas
                                           la nuit à 4 h

Brief.

Ernst Ludwig Kirchner an AW   Davos, 29.12.1929

Wildboden 29. Dez. 29

Mein lieber Walser,
wollten Sie heute nicht zu uns kommen? Es ist mir so. Hoffentlich hat Sie nicht Krankheit verhindert. Kommen Sie nur und zeigen Sie mir Ihre neuen Arbeiten. Ich werde sie gern mit Ihnen durchsehen.
Ihren Eltern und Ihnen alles Gute für 1930 und herzlichen Gruss

Ihr
E L Kirchner

Brief. Weihnachten und Neujahr verbringt AW wie im vorangegangenen Jahr bei seiner Familie in Chur.

AW an seine Eltern   Paris, 17.1.1930

Meine Lieben
Ich schreibe im Atelier von Gui, wo ich seit ein paar Tagen hause. All das fiel mir wie man so sagen kann vom Himmel, ich träumte nur davon u. nun ist's Wirklichkeit geworden, dass ich in einem herrlichen grossen Atelier arbeiten kann und schlafen. Bärby erzählt mama sicher wie's da aussieht und mit der Zeit kann ich allerlei beifügen – jetzt bin ich müde – ich male mein 4tes Bild eine ganz grosse Leinwand und ruhe nun – u. schreibe Euch Lieben diesen Gruss. Gui spielt am Flügel – alles ist jetzt so ruhig – sauber und angenehm für mich geworden, dass ich glücklich bin wie nie noch in Paris – wenn je, so kann ich jetzt arbeiten – und viel viel weiter kommen als früher.
Wir gehen oft zusammen in Konzerte im Theater – auch das tut mir gut – ich las viel, zur Übersetzung habe ich den nötigen Mut noch nicht – ich rechne aber damit sie im Laufe des Frühlings zu vollenden. Die Arbeit ist schwer, hat aber Sinn und Zweck. Ich bin so froh und dankbar René C. selbst gesehen u. gesprochen zu haben er war so schön.
Euch grüsse ich herzlich sonst schreibe ich fast niemand – Nana zum Geburtstag – Papa, Mama u. Peter.

17-1-30   Euer Andréas.

Brief. Im Januar kehrt AW nach Paris zurück und zieht um, ins Atelier des Musikers Guy de la Pierre. Auf einer nach dem Tod AWs im Atelier aufgenommenen Liste von Gemälden ist das hier erwähnte, heute verlorene Bild mit »piano, mains (gris jaune blanc)« verzeichnet. Gemäss dieser Liste ist es das letzte Gemälde vor AWs Abreise nach Marseille und Ajaccio, das vierte der zwischen dem 14. und dem 17. Januar im neuen Atelier gemalten Bilder. René C. ist René Crevel (1900–1935). Die erwähnte Übersetzung betrifft ein Buch von Crevel, einem der wenigen Künstler, der mit Jean Cocteau und mit den Surrealisten verkehrt. Wir können nur vermuten, dass es sich um *Etes-vous fous?* handelt. Die Thematik muss AW ansprechen: Der abenteurliche Held des Romans, Vagualame, verkehrt in Pariser und in Berliner Künstlerkreisen und hält sich dazwischen als Kurgast in Davos auf. Anfangs 1930 macht AW auf der Rückreise nach Paris in Leysin Station, um den kranken René Crevel zu treffen, der dort zur Kur weilt.

AW an seine Eltern Ajaccio, 9.2.1930

Ajaccio le 9. II. 30

Meine Lieben –
wieder einmal Abend – d. Tage vergehen so rasch. Wir leben draussen in den Olivenwäldern zwischen reifenden Orangen u. blühenden Obstbäumen oder am Meer wo wir baden in der warmen Sonne … es ist unsagbar schön alles hier und seltsam beruhigend. Ich bin nicht imstande zu beschreiben – davon erzähle ich dann im Frühling. Aber all das hier am Meere ist es ja eben, was so lange ich erträumte. Unser Hôtel schaut auf das Meer das ewig wechselt in seinen Beleuchtungen – ich zeichne oft von hier aus oder draussen im Freien. Ajaccio ist ruhig u. still – nur das Meer rauscht von Fern her Tag u. Nacht.

Nun hab ich mir auch Wochen lange den Kopf zerbrochen über dem Buche von René Crevel und mit Maltzahn u. Gui 7 mal wieder angefangen und versucht – wir kamen zum Schlusse, dass eine deutsche Übertragung unmöglich ist – was mir absolut keine Freude ist – ich habe unzählige Stunden daran gesessen. Nun hab ich Crevel das Missgeschick berichtet und suche diese Illusion auch zu vergessen. Wieder einmal eine!

Wir kehren wohl Ende d. Woche nach P. zurück und dort werd ich mich ans Malen machen ich habe viele Entwürfe für Bilder – Gestalten Badender am Meer.

Wir alle 3 sind in einem glänzenden Gesundheitszustand und gebräunt von Meeresluft – ich grüsse Euch herzlich

Euer
Andréas

(Gotta schreibt mir einen langen Brief)

Brief. Die Übersetzung des Buches von René Crevel – wir wissen leider nicht, um welches es sich handelt – gibt AW im Februar auf. Erfolgreich ist wenige Jahre später die Zusammenarbeit Crevels mit einem anderen jungen Bündner Künstler. Als Frontispiz-Illustration der Sonderausgabe von Crevels *Les Pieds dans le Plat* von 1933 schafft Alberto Giacometti einen Kupferstich (vgl. Herbert Lust, *Alberto Giacometti: The Complete Graphics*, San Francisco 1991, Nr. 396). Gotta ist Agatha Simmen aus Malix, die Patentante von Florian Walser.

AW: »Ajaccio«

In der Ferne rauscht das Meer. Unten im Golf von Ajaccio schlägt es leicht an die Ufer. Barken und Segelschiffe schaukeln auf dem Wasser. Drüben ragen Hügel und Berge auf. Und über den höchsten Spitzen liegt Schnee. Das Meer ist tief blau. Die Hügel dort sind grün. Unbemerkbar gehen die Farben ineinander über, aus dem Blau des Meeres in das Grün der Wiesen, in das Grau der Felsen, wo noch Olivenbäume vereinzelt stehen, aus dem Grau in das Weiss des Schnees und aus dem Weiss in das klare durchsichtige Blau der Luft.

Zweimal am Tage ist es unerbittlich kühl. Wenn die Sonne aufsteigt über den Bergen drüben und am Abend.

Nun scheint die Sonne heiss über Ajaccio. Die Häuser werfen sie blendend zurück. Die Palmen in den Strassen zeichnen grosse Schatten. Die ungepflasterten Strassen sind noch aufgeworfen. Die Regenwochen sind vorüber und bald wird die Erde heiss trocken sein.

Hinter der kleinen Stadt erhebt sich ein Hügelland von Olivenbäumen, Zypressen und Kakteen bewachsen. Da wechseln die Farben vom Schwarzgrün bis zum leuchtenden Hellgrün des Grases. In den Gärten reifen Orangen. Ihr Duft dringt weithin.

Das Meer rauscht.

Ein Schiff fährt ein unten im Golf. Doch meist kommen die Schiffe in der Nacht oder am frühen Morgen. So sind die paar Reisenden dann plötzlich da, wenn es Tag wird und gehören irgendwie schon zum Lande. Die Insel ist von vielen Fremden noch verschont geblieben.

Die Bewohner Korsikas lieben dunkle Farben. Sie kleiden sich fast durchwegs in Schwarz. Sie sind ruhig und einfach, gut und voll Vertrauen. Man begegnet in den Strassen wunderschönen Gesichtern, besonders bei den Jungen. Ihre Züge sind rein, ihr Haar schwarz und die dunkeln Augen haben den tiefen, weiten Blick der Menschen, die am Meere leben.

In den Strassen verkaufen schwarz gekleidete Frauen Orangen und Gemüse ihrer Gärten. Überall erblickt man Mimosas, die auf hohen Bäumen in den Strassen und Gärten blühen.

Matrosen beladen ein Schiff unten im Golf und singen. Segel flackern im Winde. Die langen Zweige der Palmen heben und senken sich. Das Meer schlägt an die Felsen und Mauern, unaufhaltsam. Dann und wann geht ein Gewitter nieder über der Insel.

Es ist still in der Stadt und alles, was wächst und dasteht, trägt bei zu dieser Stille. Die einfachen Häuser, die Gärten und die blühenden, duftenden Bäume. Die harten Kakteen, die silbergrünen Olivenwälder, und die Zypressen, die hoch und dunkel dazwischen stehen.

Über der Stadt, in Bäumen halb verborgen liegt ein kleiner griechischer Tempel. Dort führt eine Strasse hin der Insel entlang. Schwarze Esel ziehen kleine Wagen vorüber. Unter den Bäumen weiden dunkle langhaarige Ziegen. Und über dem Wasser ziehen Vögel Kreise.

Seltsam der Duft dieser Erde, dieser Pflanzen. Blüten und Früchte überall.

Dann wird es noch einmal kalt, ganz plötzlich. Wenn die Nacht hereinbricht. Und das Meer dunkel wird. Dann scheint der Mond über der Insel. Die Kakteen werden zu gespensterhaften Licht und Schatten Gebilden. Die Früchte an den Bäumen scheinen doppelt gross. Die Berge drüben sind eine dunkle Kette geworden zwischen dem mondbeschienenen Wasser und Himmel.

Das Meer rauscht von fernher.

Und im Hafen unten schlägt es leicht an die Ufer.

Ajaccio. Mitte Februar 1930   Andréas Walser

Unveröffentlicht.

AW an Peter Walser   **Paris, 25.2.1930**

Mein lieber Peter
paris – le 25. 2. 30
la nuit –
nimm diesen kleinen Gruss zu Deinem Geburtstag. Ich würde Dir so gerne etwas senden, das Dir auch was nützt – aber ich habe eben nichts dergleichen – nur Bilder. Die paar Zeichnungen geben Dir einen Eindruck wie meine allerletzten Bilder aussehen – d.h. die nach Ajaccio. Seit wir zurück sind habe ich 3 Leinwände badender Gestalten am Meer gemalt (Format 160–130) u. bin natürlich schon wieder müde.

Morgen gehe ich zu Picasso, u. stolpere dann noch in den Galerien umher – was sog. »Neues« zu sehen. Die Muscheln so klein sie sind sind schön in Farbe u. Form, farbig vor allem, wenn Du sie in Wasser legst. Ich fischte sie aus dem Golf von Ajaccio, sie Dir zu senden. Nun also werde ich's mit den Photogramms versuchen mit einer Zeitschrift.

Lebe wohl – ich denke viel viel an Dich – herzlich Dein A.

Brief. Seinem Bruder Peter schickt AW drei Zeichnungen mit Studien von Badenden am Meer (Abb. S. 145). Gemäss der bereits zitierten, nach dem Tod des Künstlers erstellten Werkliste hat AW am 24. Februar eines und am 25. Februar zwei Bilder mit Badenden gemalt. Es sind offenbar die ersten Bilder seit seiner Rückkehr aus Korsika, denn auf der Liste schliessen sie direkt an das am 17.1.1930 gemalte Bild an. Das Bild vom 24. Februar, »Baigneurs (Am Strand)«, befindet sich heute im Bündner Kunstmuseum, Chur (Abb. S. 91). Der Standort der beiden anderen ist unbekannt. Am 1. März malt AW noch ein letztes Bild zu diesem Thema. Am 11. und am 17. März entstehen schliesslich zwei Bilder, die auf der Liste mit »les yeux« bezeichnet wurden, wohl die letzten Gemälde AWs.

Ernst Ludwig Kirchner an AW   Davos, 3.3.1930

Lieber Herr Walser,
ich habe natürlich nun schon längst ein Exemplar von Klee von anderer Seite besorgt bekommen. Was soll nun mit dem von Ihnen gesandten geschehen? Soll ich es dem Verlag zurückgeben? oder an Sie senden? Bitte geben Sie mir Nachricht darüber.

Ich erhielt auch Ihren letzten klagenden Brief. Ich weiss nicht, weshalb Sie mich beschwindeln, dass Sie nichts mehr nähmen, wo ich doch von anderer Seite das Gegenteil wusste, dass Sie immer krank sind durch die Gifte. Mir kann es ja persönlich gleich sein, ob Sie sich selbst vernichten oder nicht, ich bin ja weder Ihr Vater noch sonst Ihr Praeceptor. Ich habe nur als Freund Ihnen gegenüber meine Pflicht getan und Sie vor den grossen Gefahren gewarnt, mit denen Sie sich völlig ruinieren als Mensch und als Künstler. Mehr kann ich nicht tun. Da ich kein Moralfex bin, sehe ich diese Sache auch nicht moralisch, sondern rein praktisch an. Sie wissen nun Bescheid und wissen, dass körperlicher und geistiger Ruin drohen, hören Sie also auf damit. Ich werde nun nichts mehr darüber schreiben.

Ich freue mich für Sie, dass Sie so nette Freunde haben, die Sie nach Corsika mitnehmen. Das ist eine schöne, milde Insel. Ich kenne Sie aus dem Kino. Haben Sie da auch gemalt od. gezeichnet? Ach es muss schön sein im Mittelmeer.

Zehnder, der hier ist, erzählte mir einiges von Ihren Arbeiten. Noch immer Picasso? Zehnder hat ein grosses nettes Bild aus der Metro gemalt. Wann werden Sie wohl einmal echte Walser machen? Sie wissen ja, dass Ihr Weg mich interessiert. Kennen Sie übrigens den jungen Giacometti in Paris, der macht interessante Plastik, von den primitiven Griechen ausgehend. Ein Kopf von ihm [Skizze] homme qui regarde hat doch ein eigenes Erlebnis zur Grundlage. Das ist die neue Art. Brancusi wies den Bildhauern den Weg. Schon lange. Ich sah Arps hier, er war bei uns und erzählte viel von Paris. Ich muss doch mal hin.

                        Alles Gute Ihnen und
                        herzlichst gute Besserung
                        Ihr
                        E L K.

Brief, von fremder Hand mit »3. III. 30« bezeichnet. Kirchner hatte von AW in einem Brief vom 4. Februar 1930 einen neu erschienenen Band über Klee erbeten. Vermutlich handelt es sich um Will Grohmanns 1929 in Paris erschiene Klee-Monographie, die Beiträge verschiedener französischer Schriftsteller enthält, darunter auch ein Text von René Crevel. Der junge Giacometti ist Alberto Giacometti, der älteste der drei Söhne von Giovanni Giacometti. Die Plastik, die Kirchner erwähnt, »Tête qui regarde« von 1928 (Abb. S. 144), war im Juni 1929 bei Jeanne Bucher in Paris ausgestellt. Vermutlich kannte Kirchner sie aus der ersten Nummer der Zeitschrift *Documents*, wo sie im Artikel von Michel Leiris über Giacometti abgebildet ist (vgl. *Documents* 1, 1929, S. 209 f., Abb. S. 211). Brancusi ist Constantin Brancusi (1876–1957). Die Arps sind Jean Arp (1887–1966) und Sophie Taeuber-Arp (1889–1943).

Ernst Ludwig Kirchner an Bärby Hunger **Davos, 22.3.1930**

Wildboden 22 März 30

Liebes Frl Hunger,
ach das ist zu traurig, dass mein armer junger Freund nun schon gegangen ist. Vor ein Paar Tagen noch war ein junger schweizer Maler, den Andreas Walser durch mich kennen lernte bei seinem Vater, um ihn zu warnen wegen ihm. Nun war das zu spät.

Ich sah es ja kommen aus seiner Schrift, aber alle meine Briefe an ihn haben nichts genützt.

Kommen Sie nur einmal vorbei bei mir hier und erzählen Sie mir von ihm, ich werde Ihnen dankbar sein. Und, wenn es geht, hätte ich auch gern ein kleines Bild oder ein grösseres von ihm aus seinen Arbeiten als Erinnerung. Vielleicht können Sie mir etwas aus seinen Arbeiten aus Paris mitbringen?

Die armen Eltern tun mir herzlich leid. Der Vater scheint ein so guter ruhiger Herr zu sein.

In seinem letzten Briefe schrieb Walser doch, er nähme nichts mehr. Schon vor 2 Jahren brachte er mir ein so melancholisches Gedicht mit, das mit dem Tode spielte.

Er ist der zweite junge Maler, den ich durch so frühen Tod verliere, der andere starb 29 jährig im Tessin an Typhus.

Haben Sie Dank für Ihre Nachricht und Händedruck
von Ihrem
E L Kirchner

Brief. Der junge Schweizer Maler, der beim Vater AWs war, um ihn zu warnen, ist Rudolf Zender. Ein Werk AWs aus Paris, das Bärby Hunger für Kirchner mitgebracht hätte, ist nicht bekannt. Vielleicht war ein in der rechten oberen Ecke mit den Buchstaben ELK versehenes Aquarell (Abb. S. 94) dafür vorgesehen. Möglicherweise ist das Aquarell erst kurz vor dem Tod AWs entstanden, denn es erinnert von der Stimmung und auch formal an eine Kreuzigung, die Picasso am 7. Februar 1930 in Öl auf eine Holztafel malte und die sich heute im Pariser Musée Picasso befindet. Die Altersangabe des zweiten Malers könnte bei der nicht immer leicht zu lesenden Handschrift Kirchners anstatt 29 auch als 24 gelesen werden. Mit dem Maler, den er durch einen frühen Tod verloren hat, meint Kirchner jedoch ohne Zweifel Albert Müller, der 1926 im Alter von 29 Jahren im Tessin an Typhus starb. Am 17. Dezember 1926 notierte Kirchner in seinem Tagebuch: »Müller, mein einziger, mein guter Freund ist gestorben. An Typhus.« (vgl. Lothar Grisebach, *E.L. Kirchners Davoser Tagebuch: Eine Darstellung des Malers und eine Sammlung seiner Schriften*, Köln 1968, S. 136).

Tafeln

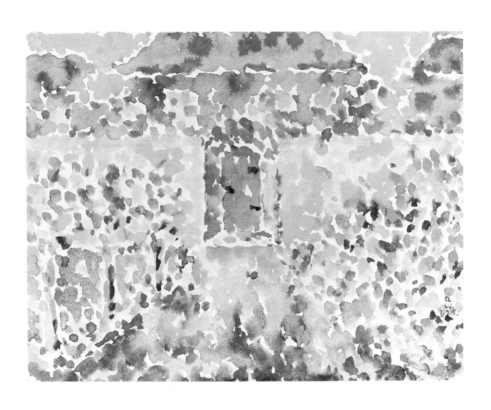

Ohne Titel (Haus mit Garten), 1925
Aquarell auf Papier, 25,6 x 32,9 cm
Bündner Kunstmuseum, Chur (Dauerleihgabe Nachlass Dr. Trepp)

Ohne Titel (Berglandschaft), um 1928
Bleistift auf Papier, 22 x 27 cm
Bündner Kunstmuseum, Chur (Dauerleihgabe Nachlass Dr. Trepp)

Ohne Titel (Berglandschaft), um 1928
Bleistift auf Papier, 19 x 23,5 cm
Bündner Kunstmuseum, Chur (Dauerleihgabe Nachlass Dr. Trepp)

Buste à la fenêtre, 31.1.1929
Öl auf Leinwand, Masse und Standort unbekannt
Photographie vom Künstler rückseitig bezeichnet: »appartient à Picasso«

Portrait Colette, 20.3.1929
Öl auf Leinwand, Masse und Standort unbekannt
Auf dem Unterlagskarton vom Künstler bezeichnet:
»Portrait Colette app. à Colette«

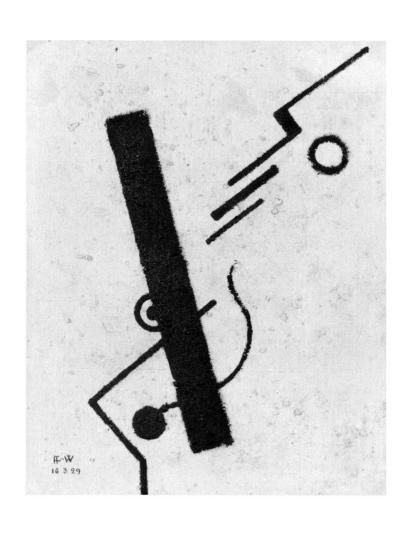

Abstraction, 16.3.1929
Öl und Sand auf Karton, 40,8 x 33 cm
Privatbesitz

Ohne Titel (Nature morte), 1928
Öl auf Karton, 27 x 34,8 cm
Privatbesitz

Place d'Alésia, 1928
Öl auf Karton, 54 x 65 cm
Privatbesitz

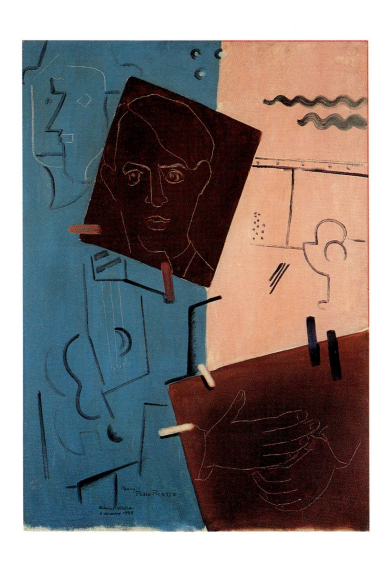

Portrait Pablo Picasso, 5.12.1928
Öl auf Leinwand, 100 x 73 cm
Bündner Kunstmuseum, Chur (Geschenk aus Privatbesitz)

Nature morte: Statue à la fenêtre, 7.1.1929
Öl und Gips auf Leinwand, 75,2 x 92 cm
Privatbesitz

Nature morte: Statue à la fenêtre (Stilleben mit schwarzem Mond), 5.2.1929
Öl auf Leinwand, 54 x 65 cm
Bündner Kunstmuseum, Chur (Dauerleihgabe der Graubündner Kantonalbank)

Nature morte, 29.3.1929
Öl, Leinwand und Reissnägel auf Leinwand, 36,3 x 44,8 cm
Bündner Kunstmuseum, Chur

Ohne Titel (Nature morte), 23.4.1929
Öl und Sand auf Leinwand, 46 x 61 cm
Privatbesitz

Abstraction, 2.5.1929
Öl und Tusche auf Rupfen, 50 x 61 cm
Privatbesitz

Table rouge I, 3.6.1929
Öl und Rötel auf Leinwand, 46 x 33 cm
Privatbesitz

Le matin, 1929
Öl auf Leinwand, 54 x 61 cm
Privatbesitz

Baigneurs (Am Strand), 24.2.1930
Öl auf Leinwand, 130 x 162 cm
Bündner Kunstmuseum, Chur (Geschenk aus Privatbesitz)

Ohne Titel (Nature morte), um 1928/29
Tusche und Aquarell auf Papier, 21,3 x 26,8 cm
Privatbesitz

Ohne Titel (Nature morte), um 1929
Aquarell und Gouache auf Papier, 32 x 25 cm
Privatbesitz

Ohne Titel (Kreuzigung), um 1929/30
Tusche und Aquarell auf Papier, 28,8 x 21,5 cm
Privatbesitz

Ohne Titel (Raucher), um 1929
Tusche und Aquarell auf Papier, 28,6 x 22 cm
Privatbesitz

Ohne Titel (Kopf), um 1929
Öl auf Papier, 27,8 x 20 cm
Privatbesitz

Ohne Titel (Nature morte), 1929
Tusche und Aquarell auf Papier, 27,3 x 21,7 cm
Privatbesitz

*Ohne Titel (Männlicher Akt), um 1929
Öl auf Papier, 56,5 x 44 cm
Privatbesitz*

Portrait Jean Cocteau, 18./27.3.1929
Öl auf Leinwand, 72 x 91 cm
Bündner Kunstmuseum, Chur (Leihgabe aus Privatbesitz)

Pablo Picasso, um 1929
Rötel auf Papier, 27,5 x 22,2 cm
Privatbesitz

Ohne Titel (Marc Chagall?), 1929
Rötel auf Papier, 32 x 24,4 cm
Privatbesitz

*Ohne Titel (Strandlandschaft), um 1929/30
Tusche auf Papier, 21,2 x 27,4 cm
Privatbesitz*

*Ohne Titel (Landschaft mit zwei Figuren), um 1929
Gouache auf Papier, 27,3 x 21,7 cm
Privatbesitz*

*Ohne Titel (männliche Figur mit Efeublatt), um 1929
Tusche auf Papier, 27,1 x 20,4 cm
Privatbesitz*

Ohne Titel (Krankenlager), um 1929
Gouache auf Papier, 21,8 x 29 cm
Privatbesitz

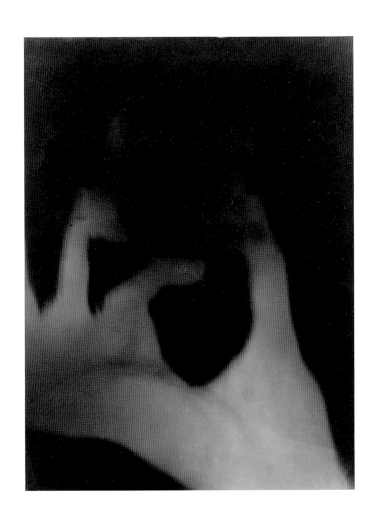

Ohne Titel, 1929
Fotogramm, 23,9 x 17,9 cm
Galerie Rudolf Kicken, Köln

Ohne Titel, 1929
Fotogramm, 17,7 x 23,7 cm
Galerie Rudolf Kicken, Köln

Portrait René Crevel, 15.10.1929
Öl und Collage auf Leinwand mit bemaltem Rahmen,
Masse und Standort unbekannt
Photographie vom Künstler rückseitig bezeichnet:
»Portrait René Crevel poète français par A–W le 25–10–29. à Peter W.«

Biographische Notizen

Legenden und Erinnerungen

Andreas Walsers Name ist in keinem Künstlerlexikon zu finden, und sein Werk ist einer breiteren Öffentlichkeit bis heute weitgehend unbekannt geblieben. Bei einem Künstler, der 1928 als Zwanzigjähriger im Kreis der Pariser Avantgarde mühelos Anschluss findet und wenige Monate nach seiner Ankunft in der französischen Kunstmetropole regelmässig bei Jean Cocteau (1889–1963) und bei Pablo Picasso (1881–1973) zu Besuch ist, wirkt das auf den ersten Blick erstaunlich. Die Erklärung dafür ist allerdings schnell gefunden. Der frühe Tod dieses ausserordentlich begabten Künstlers – er stirbt 1930 in Paris im Alter von knapp 22 Jahren – verhindert über Jahrzehnte hinaus die Rezeption seines Oeuvres. Nach dem Tod Andreas Walsers wird es sehr still um ihn. Die Erinnerung an die Persönlichkeit und an das Werk lebt zwar unter seinen Freunden weiter, für die Öffentlichkeit hingegen bleibt er unsichtbar.

Das 1949 von der Familie des Künstlers dem Bündner Kunstmuseum geschenkte »Portrait Pablo Picasso« (Abb. S. 83) ist das erste Gemälde Walsers, das in eine öffentliche Sammlung gelangt. Die Schenkung hat jedoch keine weiteren Folgen. Eine erneute Beschäftigung mit seinem Werk setzt erst 1971 ein, als in einer Ausstellung der Berliner Galerie Nierendorf »Nature morte: Statue à la fenêtre (Stilleben mit schwarzem Mond)« (Abb. S. 85) angeboten wird, ein Bild Walsers aus dem Jahr 1929. Das Gemälde gelangt dank einer rasch inszenierten Ankaufsaktion als Dauerleihgabe ins Bündner Kunstmuseum, wo im November 1971 endlich eine Walser-Ausstellung stattfindet, die erste nach dem Tod des Künstlers. Zur Ausstellung erscheint kein Katalog, denn die präsentierte Übersicht ist lückenhaft: aus der wichtigen Pariser Zeit sind nur wenige Werke ausgestellt. Damit ist einer der wichtigsten Gründe für die verhinderte Rezeption angesprochen: Bis in die achtziger Jahre hinein war das Werk Andreas Walsers nicht zu überblicken. Nach dem Tod des Künstlers fand nämlich nur ein kleiner Teil der Arbeiten aus dem Pariser Atelier den Weg in die Schweiz zurück.

Heute erlauben uns einige grössere Werkblöcke, ergänzt durch mehrere kleine Gruppen von Arbeiten, einen recht guten, wenn auch nicht vollständigen Einblick in dieses vielseitige Werk, das neben der bildenden Kunst auch den literarischen Bereich umfasst. In erster Linie malte und zeichnete Walser, daneben schrieb er Prosatexte, Gedichte und Aphorismen zuerst auf deutsch, später auch auf französisch. Als Schüler beginnt er zu aquarellieren und zu zeichnen, und Ende 1927 entstehen die ersten Ölmalereien. In Paris entstehen weiterhin Arbeiten auf Papier sowie eine grosse Anzahl von Gemälden auf Karton und auf Leinwand, zunächst in vorwiegend kleinen Formaten. Das Experimentieren mit der Technik der Collage und mit neuen photographischen Verfahren kommt im Jahr 1929 dazu, ist aber nur an wenigen Beispielen zu belegen. In Paris nimmt das Schreiben eine zunehmend wichtige Rolle ein. So entsteht im Herbst 1929 zum Beispiel der mit eigenen Zeichnungen illustrierte Prosatext »Le Balcon«.[1] Damit ist das Feld von Andreas Walsers künstlerischer Tätigkeit im wesentlichen umrissen.

Wie begrenzt unser Wissen und wie fragmentarisch die erhaltenen Werkkomplexe heute sind, offenbart sich sehr schnell bei der Betrachtung der Bereiche der Plastik und der Photographie. Aus den Briefen des Künstlers wissen wir, dass er sich mit der Plastik beschäftigt hat, zumindest in seiner ersten Zeit in Paris. Keine einzige dieser Arbeiten ist uns heute im Original bekannt. Die uns überlieferten Fotogramme Walsers sind an einer Hand abzuzählen.[2] Ihre ausserordentliche Qualität ist der beste Beweis, dass sie nicht die einzigen gewesen sein können.

Stärker noch als das für die Öffentlichkeit nicht existente künstlerische Werk bot in den vergangenen Jahrzehnten die Biographie des Künstlers Stoff für Legenden. Elemente solcher Legenden waren etwa der junge, begabte Künstler, seine zahlreichen Kontakte zu bekannten Malern und Dichtern wie Augusto Giacometti, Ernst Ludwig Kirchner, Pablo Picasso und Jean Cocteau, sein rastloses Leben im Paris der zwanziger Jahre, in welchem sich Perioden fruchtbarer künstlerischer Tätigkeit und grosser Verzweiflung ablösen, Homosexualität, Alkohol und Drogen, schliesslich der frühe Tod des Künstlers. Noch in den achtziger Jahren, als sich, dank der Kenntnis bisher unbekannt gebliebener Arbeiten, die Konturen des Werks präziser abzeichneten als noch ein Jahrzehnt zuvor, verhinderte die Biographie, oder besser gesagt der Umgang damit, das Zustandekommen einer gültigen Darstellung des Werks. Eine Auswahl von Briefen des Künstlers an seine Churer Freundin Bärby Hunger (1901–1986) wurde 1989 publiziert, und in Zürich sowie in Chur fanden Ende der achtziger Jahre szenische Lesungen statt, die auf diesen Briefen basierten.[3] Die Gewichte haben sich mittlerweile etwas verschoben, im Mittelpunkt des Interesses steht nicht mehr primär die Biographie. Es ist an der Zeit, dass Andreas Walser aufgrund seiner künstlerischen Leistung endlich als bedeutender Schweizer Künstler der Zwischenkriegszeit wahrgenommen wird. Auf das Erhellen der Zusammenhänge zwischen

---

1 Das Manuskript befindet sich in Churer Privatbesitz.
2 Zwei der vier heute bekannten Fotogramme sind im vorliegenden Band abgebildet, vgl. Abb. S. 106 und 107. Eines ist abgebildet in *Künstlerische Techniken IV: Die Fotografie*, Katalog, Kunsthalle Bielefeld, 3.9.–12.11.1989, S. 28.
3 Vgl. *Konkursbuch* 23 (1989), S. 101–115. Die szenischen Lesungen fanden im Zürcher »Theater am Neumarkt« und in der Churer »Klibühni Schnidrzumft« statt.

dem kurzen, intensiven Leben und dem Werk, die voneinander nicht zu trennen sind, ja in tragischer Weise miteinander verknüpft sind, kann jedoch nicht verzichtet werden.

In Paris verkörpern die Fixsterne Jean Cocteau und Pablo Picasso die beiden Pole von Walsers Interessen, das Schreiben und das Malen. Zwei der seltenen schriftlichen Zeugnisse, die uns aufschlussreiche Einblicke in sein Leben in Paris geben, stammen von einem Schriftsteller und von einem Maler. Der Schriftsteller Klaus Mann (1906–1949) zeichnet ein literarisch gefärbtes Bild des Künstlers. Er webt schon 1930, unmittelbar nach dem Tod Walsers also, an der Legende:

»Anderthalb Jahre ist es her, dass in Paris ein junger Mensch unangemeldet in mein Zimmer trat. Er war Schweizer, schwerfällig und schön, proletarischer Typus mit durchdringend kindlichen blauen Augen. Ich fragte ihn, was er wünsche; er sagte, er habe mich nur kennenlernen wollen. Das mache er immer so, erzählte er mir; wenn jemand ihn interessiere, besuche er ihn, es sei eine seiner besten Lebensfreuden. ›Bei Picasso habe ich wochenlang warten müssen, bis ich ihn sehen durfte. Bei Ihnen ging es ja schneller.‹ Er hatte mir gleich einige seiner Bilder mitgebracht; es war viel Einfluss von Picasso in ihnen, aber auch eine eigene, starke, und bei aller Abstraktheit, bodenständige Art.

Auf meinem Tisch lag damals das Buch des jungen Jean Desbordes, das ich sehr liebte, ›J'adore‹. Er schrieb sich den Titel auf, den er nicht kannte. Nach Wochen bekam ich einen Brief in einer steilen und klaren Schrift; er war von dem jungen Maler und handelte hauptsächlich von Desbordes. Das Buch, das auf eine überschwengliche, erotisch-religiöse Weise lebensbejahend ist, hatte ihn ganz gefangen. Übrigens hatte er den Autor inzwischen kennengelernt.

Bei meinem nächsten Aufenthalt in Paris erkundigte ich mich nach dem Jungen. Er hat sich erschossen. Die Stimmung des ›J'adore‹ hatte sich bei ihm in ihr Gegenteil hinübergewandelt. Die Extreme liegen unheimlich nah beieinander.

Der junge Mann hiess Walser. Ich höre man will die Bilder, die er hinterlassen hat, in Paris ausstellen.«[4]

Klaus Mann verknüpft ganz offensichtlich mehrere Begegnungen und verkürzt sie zu einem einzigen bedeutungsvollen und schicksalhaften Treffen. Er überführt sich gewissermassen selbst, denn die zweite Schilderung seiner Bekanntschaft mit dem jungen Bündner widerspricht der ersten in ganz entscheidenden Punkten. Der Maler, unverkennbar Andreas Walser, wird dort nicht mehr namentlich genannt, und die Begegnung wird noch stärker dramatisiert. Mann fragt sich: »War er ein guter Maler? Ich hätte es gern gewusst. Er versprach mir bei unserem nächsten Zusammentreffen einige seiner Arbeiten zu zeigen.«[5] Gegenüber der ersten Schilderung wird die Zeit zwischen dem ersten Treffen

---

4 Klaus Mann, *Auf der Suche nach einem Weg: Aufsätze*, Berlin 1931, S. 261–263.
5 Klaus Mann, *Der Wendepunkt: Ein Lebensbericht*, Frankfurt am Main 1952, S. 284.

und dem Tod des Malers verkürzt. Ein paar Tage später nur habe er mit dem Künstler ein Rendezvous im Café du Dôme vereinbart, schreibt Mann hier, aber: »Am Tage nach seiner Visite bei mir hatte er sich erschossen. Am Tage, nachdem er zu mir gesagt hatte, dass das Leben ›adorable‹ sein könne, solange man die Kraft habe, es zu ertragen.«[6]

Der Dichter geht mit biographischen Einzelheiten ziemlich sorglos um, wenn er aus seinen Erinnerungen Literatur macht. Klaus Mann, der sich 1949 selbst das Leben nehmen wird, vergisst dabei die Bilder, die er gesehen hatte, er rückt wichtige Ereignisse näher zusammen, um aus dem jungen Maler einen *peintre maudit* und einen Selbstmörder zu machen.[7]

Fast sechzig Jahre nach seiner Begegnung mit Walser wurde der aus Winterthur stammende Maler Rudolf Zender (1901–1988), der Ende der zwanziger Jahre ein Atelier in Meudon hatte, nach seinen Erinnerungen an Walser gefragt. Zender erinnerte sich 1987 noch sehr genau an seinen Bekannten aus der Schweiz:

»Meine kurze Bekanntschaft mit Andreas Walser – gerne würde ich sagen: Freundschaft – stand unter einem fatalen Stern.

Wir begegneten uns im Jahre 1929 zum ersten Mal in Paris. In Davos, wo ich in den vorangehenden Jahren ein Lungenleiden ausheilte, hatte mir Ernst Ludwig Kirchner seine Adresse gegeben. Wir nannten uns beide Kirchner-Schüler, hatten beide positive und negative Impulse aus der Davoser Zeit mitbekommen. Ich stieg also an einem hellen, sonnigen Tag den Boulevard Montparnasse hinauf, Richtung Closerie des Lilas. Dort stand das kleine Hotel, das sich, wenn mich die Erinnerung nicht täuscht, Hotel de Nice nannte [das Hotel hiess Vénétia-Hôtel]. Es war später Nachmittag. Auf mein Klopfen antwortete lange keine Stimme, aber dann ging die Tür doch unvermittelt auf, und ich betrat ein kleines, mit gezogenen Vorhängen gegen das Sonnenlicht abgeschirmtes Zimmer. Andreas Walser hatte offensichtlich geschlafen.

Ich hatte ihn zuvor nur wenige Male getroffen, ich erinnere mich an ein

---

6 Ebd., S. 285. – *Der Wendepunkt* erschien zuerst in englischer Sprache unter dem Titel *The Turning Point*. Dort heisst der in der deutschen Fassung namenlose Maler »Walser«. Der dunkeläugige AW ist dort »strikingly handsome – tall and vigorous, with nostalgic eyes of a radiant steel blue«. Im Gegensatz zur deutschen Fassung erschiesst er sich nicht nach einigen Tagen, sondern am nächsten Tag, wenige Stunden nach seinem Treffen mit Mann (vgl. Klaus Mann, *The Turning Point*, London 1944, S. 197 f.). Die deutsche Ausgabe ist eine vom Autor erweiterte Fassung der zuerst 1942 in New York in englischer Sprache erschienen Erstausgabe.

7 Zur Chronologie der Beziehung zwischen Andreas Walser und Klaus Mann sind einige Ergänzungen anzubringen. Ihr erstes Treffen lässt sich ziemlich genau bestimmen. Es hat sicher nach dem 5. Dezember 1928 stattgefunden, denn an diesem Tag empfängt Pablo Picasso AW zum ersten Mal. Am 17. Januar 1929 schreibt AW seinem Bruder Peter Walser (*1912), dem späteren Pfarrer und Dekan, dass er Klaus Mann geschrieben habe. Handelt es sich bei diesem Schreiben um den Brief in der steilen, klaren Schrift, den Mann in seinem ersten Text erwähnt? Im Sommer sendet Mann AW einen von ihm verfassten Text über Cocteau, und am 25. November 1929 schreibt er AW aus Berlin einen Brief, in dem es um Jean Desbordes geht. Vgl. AWs Briefe an Bärby Hunger vom 8.11.1928 und vom 5.12.1928 sowie jenen an Peter Walser vom 17.1.1929, S. 18 f., 23 f., 27 und Abb. S. 29/30. Die Zusendung von Manns Cocteau-Text erwähnt AW in einem Brief an Emmanuel Boudot-Lamotte, der sich in Pariser Privatbesitz befindet. Für Manns Brief vom 25.11.1929 vgl. S. 63.

Zusammensein in der Galerie Bucher. Nun war ich, durch diese Begegnungen sehr sympathisch berührt, ausserordentlich gespannt, zum ersten Mal Arbeiten des ungefähr Gleichaltrigen zu sehen. Ich wagte nicht zu fragen, ob wir nicht mehr Licht in das kleine Hotelzimmer hereinlassen wollten. Die Leinwände, welche an den Wänden standen, waren sensible, in grau und rosa gemalte Interieurs; das eindrücklichste stellte ein Treppenhaus, vermutlich dasjenige des Hotels, dar, mit einer roten, aber nicht heftigen Sonne. Ein traumhafter, surrealistischer Zug, eine seltsame Poesie, erfüllte das Bild, das mich augenblicklich packte. Wir sprachen wenig. Mein Auge gewöhnte sich an das gedämpfte Licht und die eigentümliche verschlafene Atmosphäre. Mein Auge fiel plötzlich auf eine Anzahl leerer Glas-Ampullen. ›Schlafpillen‹ dachte ich. Und als ob er meine Gedankengänge erriete, erwähnte Andreas Walser im Gespräch den Kreis um Jean Cocteau, wo er verkehrte.

Wir stellten fest, dass wir uns in einer ähnlichen innern Situation befanden: es erfüllte uns einerseits die Sehnsucht nach reiner Malerei, anderseits der Drang nach expressiver Aussage, der durch den Aufenthalt in Kirchners Nähe genährt und gefördert worden war. Ich erzählte, dass ich im Begriffe sei, zu einer ärztlichen Kontrolle nach Davos zu fahren, und er bat mich, Kirchner seine Grüsse zu bringen und ihm zu sagen, er würde sich im kommenden Sommer auf eine Maiensäss in den Bündner Bergen zurückziehen, um dort in der Einsamkeit zu arbeiten.«[8]

Auf die Fortsetzung der Geschichte wird noch zurückzukommen sein, denn kurz nach dieser Begegnung nehmen die Ereignisse eine dramatische Entwicklung.

Klaus Mann und Rudolf Zender verdanken wir zwei sehr unterschiedliche Momentaufnahmen eines Künstlerlebens aus dem Paris der zwanziger Jahre, die exemplarisch sind für ein Jahrzehnt, das, wie die Romantik, dem Genie der Jugend huldigt. Die flüchtige Begegnung mit Walser wirkt bei Mann, der ihn klischeehaft zum schwerfälligen Schweizer umformt, und bei Zender, der sich nach fast sechzig Jahren möglichst genau an seinen Künstlerkollegen zu erinnern versucht, auf ganz andere Art nach. Wie stellt sich aber das Leben des Künstlers im Rückblick dar?

---

8 Seine Erinnerungen an AW hielt Zender in zwei Briefen vom 14. und vom 25.8.1987 fest, die sich in Pariser Privatbesitz befinden. Das Zitat stammt aus Brief vom 14.8.1987. AW lebte von Oktober 1929 bis Mitte Januar 1930 im Vénétia-Hôtel am Boulevard Montparnasse. Zenders Besuch muss in dieser Periode stattgefunden haben. Das erste Treffen der beiden jungen Maler fand möglicherweise im Februar/März 1929 statt, als sich beide für eine Kirchner-Ausstellung in der Galerie Jeanne Bucher einsetzten (vgl. Kirchners Briefe an AW vom 9.2.1929 und vom 17.4.1929, S. 32 und 40 f.).

Andreas Walser wird am 13. April 1908 in Chur geboren. Er ist der zweite Sohn von Peter Walser (1871–1938) und Else Walser-Gerber (1883–1935). Mit seinen Brüdern Florian Dietegen (1906–1923) und Peter (*1912) wächst er an der Kirchgasse 12 in Chur auf. Sein Vater ist Dekan und Stadtpfarrer in der Churer Martinskirche. Die Familie Walser stammt aus Seewis im Prättigau, seit 1915 besitzen die Walsers auch das Churer Bürgerrecht.

Im Jahr 1919 werden die Fenster der Südwand des Langhauses der Martinskirche farbig verglast. Die sieben Meter hohen Glasfenster mit der Verkündigung an die Hirten, der Geburt Christi und den Weisen aus dem Morgenland, die ersten Glasfenter nach Entwürfen Augusto Giacomettis (1877–1947), hat der Pfarrerssohn immer vor Augen, wenn er die Kirche betritt, in der sein Vater predigt.

Mitte August 1923 stirbt Florian Dietegen Walser im Alter von siebzehn Jahren an Tuberkulose. Andreas ist unterdessen fünfzehn Jahre alt und besucht das Gymnasium der Bündner Kantonsschule. Er ist sehr betroffen vom Tod seines älteren Bruders, für den er viel gezeichnet hatte. Die Künstlerlaufbahn ist dem begabten Pfarrerssohn keineswegs vorgezeichnet. Er sucht sich selbst seinen Weg, zeichnet in der Freizeit in Bleistift, Kohle und Pastell und aquarelliert. Im Elternhaus in Chur darf er in einem ehemaligen Dienstbotenzimmer ein Atelier einrichten, und in den Sommerferien erlaubt ihm eine Grosstante, die Stube eines unbewohnten Bauernhauses in Malix als Arbeitsraum zu nutzen.

Andreas will auch im Museum Bilder kopieren. Nachdem er dem bekannten Maler Giovanni Giacometti (1868–1933) bereits im Frühjahr 1924 ein erstes Mal geschrieben hatte, schickt dieser dem siebzehnjährigen Schüler am 24. November 1925 einen Brief mit der Erlaubnis, seine Gemälde im Kunstmuseum in Chur zu kopieren.[9] Um 1926 entdeckt Andreas Julius Meier-Graefes Monographie über Vincent van Gogh, die damals grundlegend für das Verständnis des Malers war, und ist davon stark beeindruckt. Die Zeit, in der er im Museum kopiert, ist auch die Zeit: »wo er einer intensiven, wenn auch regellosen Lektüre, vorab der russischen Schriftsteller, nachging, die in ihm innere Kämpfe und den Geist der Verneinung heraufbeschworen«, wie sich A.M. Zendralli, sein ehemaliger Italienischlehrer, kurz vor dessen Abreise nach Paris erinnert.[10]

Die damals bekanntesten lebenden Bündner Künstler, Giovanni Giacometti und Augusto Giacometti, dessen Vetter zweiten Grades, sind in Chur wichtige Vorbilder für den kunstinteressierten Schüler. Zu den Bildern, die er im Churer Kunstmuseum kopiert, zählt Giovanni

---

9   Vgl. S. 11.
10 A.M. Zendralli, »Anfänge: Angehende Churer Künstler in Paris – Der Jüngste und seine ersten Schritte«, in: *Der Kristall* 9 (2. Jahrgang, Beilage zu: *Neue Bündner Zeitung*, 29. 9.1928).

Giacomettis »Der Violinspieler (Bruno)« von 1919 (Abb. S. 117), das sich während Jahrzehnten als Dauerleihgabe des Bundes im Churer Museum befand sowie das Selbstbildnis Augusto Giacomettis aus dem Jahr 1910 (Abb. S. 116). Zu Augusto Giacometti entwickelt sich später eine freundschaftliche Beziehung, zu Giovanni Giacometti hingegen nicht, obwohl Andreas den Violinisten auf dem Gemälde – Bruno Giacometti (*1907), einer der drei Söhne des Malers – recht gut kennt. Beide besuchen nämlich die gleiche Schule, und Bruno Giacometti erinnert sich, dass er mit Andreas Walser um 1925 an schulfreien Nachmittagen in der Küche von dessen Mutter aquarellierte. Die Aquarelle im fleckenhaft aufgelösten Stil Augusto Giacomettis (Abb. S. 75) legten die Schüler zum Trocknen auf den warmen Holzherd von

Andreas, Florian und Peter Walser, 1919

Frau Walser. Andreas zeichnet und aquarelliert in dieser Zeit auch mit anderen Schulkameraden, mit Paul Zinsli (*1906) etwa, den Zendralli im bereits zitierten Artikel als angehenden Künstler nennt und der später Professor für Sprache, Literatur und Volkskunde der deutschen Schweiz an der Berner Universität wird.

Als Schüler nimmt Walser mit Erfolg an Zeichenwettbewerben teil. Am Wettbewerb des Schweizerischen Pestalozzikalenders erhält er 1925 eine Auszeichnung »für vorzügliche Arbeiten«, und im Februar 1927 reicht er Arbeiten an die Ausstellung »Schweizerjugend und Zeichenkunst« in der Kunsthalle Bern ein.[11] Dem Zeichenlehrer Hans Jenny (1866–1944) bleibt das Talent seines Schülers ebenfalls nicht verborgen; er dispensiert ihn vom Unterricht, damit er anspruchsvolleren Aufgaben nachgehen kann. Anstatt in der Zeichenstunde zu sitzen, kopiert Andreas

---

11 Die Ausstellung in der Kunsthalle Bern findet vom 7.2.–13.3.1927 statt (vgl. *Schweizerjugend und Zeichenkunst – 5. Ausst. Wettbewerb Pestalozzikalender*, Bern 1927, AW ist im Katalog, weder im Text- noch im Abbildungteil, erwähnt).

Augusto Giacometti, Selbstbildnis, 1910
Öl auf Leinwand, 41 x 31 cm
Bündner Kunstmuseum, Chur

nun beispielsweise in der Churer Kathedrale gotische Fresken eines unbekannten Meisters aus dem 14. Jahrhundert. In der Kapelle Sogn Gieri in Rhäzüns photographiert er auf einer Leiter gotische Fresken aus der Hand dieses Malers, dem der Kunsthistoriker Erwin Poeschel später den Notnamen »Waltensburger Meister« geben wird. Für Schulkameraden, Freunde und Bekannte entsteht eine ganze Reihe in Holz geschnittener und lithographierter Ex Libris. Die Beschäftigung mit der Druckgraphik bleibt jedoch vermutlich eine Episode in Walsers Entwicklung, denn es sind keine anderen druckgraphischen Arbeiten bekannt.

Neben dem Zeichnen interessiert den Gymnasiasten vor allem der Deutschunterricht. Er schreibt gerne und lernt aus eigenem Antrieb schon als Schüler den Schweizer Schriftsteller Hermann Hiltbrunner (1893–1961) kennen, wie sich sein Bruder erinnert. Hiltbrunner verfasst lebendige Reise- und Naturschilderungen sowie Natur- und religiöse Gedankenlyrik; er übersetzt auch Werke des norwegischen Schriftstellers Knut Hamsun (1859–1952).

Seit dem Frühjahr 1927 erscheinen in Tageszeitungen in unregelmässigen Abständen Artikel Andreas Walsers über bildende Künstler. Zum Tode des Dichters Hans Morgenthaler (1891–1928) veröffentlicht er im *Berner Tagblatt* am 20. März 1928 einen kleinen Text. Das Zitat des Dichters, mit dem er seinen Nachruf schliesst, drückt wohl auch die Gefühle des angehenden Künstlers aus:

»Ich möchte ja nur –
sein dürfen was ich bin!«

Augusto Giacomettis Werke regen Walser zu seinen ersten Aquarellen und Pastellen an, und seine Plakate inspirieren ihn etwas später zu grossformatigen Arbeiten auf Papier (Abb. S. 119). Als Andreas den Künstler am 1. November 1927 erstmals in seinem Zürcher Atelier an der Rämistrasse besucht, sind diesem seine Arbeiten bereits bekannt, denn Hans

Jenny hatte Augusto Giacometti schon ein Jahr zuvor eine Mappe mit Studien seines begabten Schülers zukommen lassen.[12]

Walsers Entschluss Künstler zu werden, fällt bald nach dem wichtigen Besuch bei Augusto Giacometti. Er kopiert nach alten Meistern und nach zeitgenössischer Kunst, als Vorlagen benutzt er oft Reproduktionen, weil Galeriebesuche für den Gymnasiasten von Chur aus nicht leicht zu bewerkstelligen sind. A.M. Zendralli erinnert sich an Walsers letzte Monate als Schüler: »Er denkt, sich der Schule zu entziehen, träumt davon, in die grossen Städte zu den berühmten Meistern zu gehen: nur das Gebot der Pflicht hält ihn zurück – was er später nicht verschmerzt.«[13]

Giovanni Giacometti. Der Violinspieler (Bruno), 1919
Öl auf Leinwand, 93 x 86 cm
Sammlung der Eidgenossenschaft

Andreas träumt von einem Leben als freier Künstler, er möchte nach Paris und findet einen Verbündeten, der ihn in seinem Vorhaben unterstützt. Am 6. April 1928 schreibt ihm Augusto Giacometti: »Im Laufe des Frühjahrs werde ich Gelegenheit haben nach Chur zu kommen und werde dann bei ihrem Herrn Vater vorsprechen.«[14] Im Mai kommt Augusto Giacometti tatsächlich nach Chur und spricht mit den Eltern, die ihrem Sohn nun erlauben, nach Paris zu fahren.[15]

Walser sucht nicht nur den Kontakt zu etablierten Malern wie Augusto und Giovanni Giacometti. Vor dem Schulabschluss im Sommer 1928 – das Gymnasium schliesst Walser mit der Maturität ab – lernt er jüngere Bündner Künstler wie Leonhard Meisser (1902–1977) und Paul Martig (1903–1962) kennen, die den Weg nach Paris bereits gefunden haben. Im Mai erscheint in der Churer Tageszeitung *Der Freie Rätier* ein Artikel Walsers über den Maler Leonhard Meisser, der ein Biologiestudium abgebrochen hat und seit dem Herbst 1923 in Paris lebt. Im Frühjahr 1928 leiht sich Andreas eine Auswahl von dessen neuesten Bildern aus. Er

12 Vgl. den Brief Augusto Giacomettis an AW vom 26.10.1927, S. 12.
13 Vgl. Zendralli (wie Anm. 10).
14 Eine Kopie des Briefes befindet sich in Pariser Privatbesitz.
15 Vgl. AWs Brief an Bärby Hunger vom 21.5.1928, S. 12.

Andreas Walser in Kadettenuniform, skizzierend, 1926

schreibt: »Ich habe einige seiner Bilder bei mir. Rings herum an den Wänden stehen sie. Die Kerze am Boden wirft mattes Licht darüber hin. Die Farben nehmen dies Licht auf und die Linien, die Formen leben und leuchten. Es sind Landschaften, die letzten Sommer in Klosters entstanden und neue aus der zahlreichen Reihe von diesem Frühling auf der Heide.« Der Artikel schliesst mit der Feststellung: »Immer einfacher und lichtvoller werden seine Bilder. .... Ich glaube an sein grosses Können!«[16] Meisser und Martig portraitieren Walser, vermutlich noch als Schüler. Von Paul Martig gibt es eine schöne, cocteauhaft wirkende Federzeichnung (Abb. S. 122), und Leonhard Meisser hat die Züge Walsers 1928 in einer farbigen Zeichnung (Abb. S. 120) sowie in einem Gemälde (Abb. S. 121) festgehalten.[17]

Am 24. Juni besucht Andreas zum ersten Mal den deutschen Expressionisten Ernst Ludwig Kirchner (1880–1938) auf dem Wildboden bei Davos. In bewährter Manier hatte er den dort lebenden deutschen Maler zuvor angeschrieben und um einen Besuch gebeten.[18] Walser wird Kirchner, der für ihn zu einem wichtigen Gesprächspartner wird, immer wieder besuchen. Der Briefkontakt zwischen dem jungen Maler und seinem Vorbild bricht bis zum Tode Walsers nicht mehr ab.

Den Sommer 1928, den letzten vor seiner Abreise nach Paris, verbringt Andreas in Graubünden. Während eines längeren Aufenthaltes bei Ver-

---

16 Ausriss, von AW bezeichnet mit »Rätier, Mai 1928«. Vermutlich aus der Churer Tageszeitung *Der Freie Rätier* (Frühjahr 1928).

17 Vgl. *Leonhard Meisser*, Katalog, Bündner Kunsthaus Chur, 12. Mai–17. Juni 1973, Nr. 16 und Nr. 148. – Eine kleine Berichtigung ist hier anzubringen: Die Bildlegende beschreibt die Nr. 16 als lavierte Federzeichnung, die Zeichnung ist jedoch mit der Feder und mit rotem und blauem Farbstift ausgeführt.

18 Kirchners Holzschnitt »Knabenkopf Andreas« (1924) stellt folglich nicht AW dar, wie vermutet wurde. Dieser Meinung ist auch Pfarrer Peter Walser, der Bruder des Künstlers (vgl. Annemarie und Wolf-Dieter Dube, *E.L. Kirchner: Das graphische Werk*, München 1967, Nr. 520).

Badende, um 1928
Technik, Masse und Standort
unbekannt

Sitzende Frauenakte, um 1928
Technik, Masse und Standort
unbekannt

wandten in Seewis im Prättigau entstehen flächige, schwarz konturierte Figurenbilder in starken Farben, vor allem in Rot und Blau, manchmal kommen Grün und Violett dazu. Ob seine Arbeiten nach der Natur oder nach Vorlagen entstehen, ist in vielen Fällen nicht abschliessend zu entscheiden, jedenfalls malt er offenbar selten im Freien.[19] In vielen, möglicherweise nach der Natur gezeichneten Arbeiten dominieren die gebündelten expressiven Strichlagen, die für Kirchners Stil in den ersten beiden Jahrzehnten dieses Jahrhunderts charakteristisch sind. Die Bleistiftzeichnung (Abb. S. 77) ist ein Beispiel dafür. In der gleichen Art entstehen auch grössere Arbeiten wie das Bild, das in einer Aufnahme von Walsers Churer Atelier (Abb. S. 120) auf der Staffelei zu sehen ist, oder dasjenige, das links davon am Boden steht. Der dekorativ geschwungene Strich Hodlers ist auf einzelnen Blättern zu entdecken, so auch auf der Zeichnung (Abb. S. 76), die stark an Hodlers Niesen-Bilder erinnert. Vielleicht ist dieses Blatt nach einer Reproduktion gezeichnet. Als Quelle für Bildideen benutzt Walser auch die Tagespresse: Die Aufnahme des spektakulären Unfalls eines Autorennfahrers in einer illustrierten Zeit-

---

19 Die Zeit, die AW im Sommer 1928 in Seewis verbringt, beschreibt Dr. J.P. Lietha in einem Brief vom 4.3.1989, der sich in Churer Privatbesitz befindet.

Leonhard Meisser, Bildnis Andreas Walser, 1928
Tusche, roter und blauer Farbstift auf Papier
31 x 23,5 cm, Privatbesitz

Das Atelier Andreas Walsers in Chur, 1928
(Die heute verlorene Landschaft auf der Staffelei ist gemäss der Beschriftung einer anderen Photographie im März 1928 entstanden.)

schrift setzt er in ein Gemälde um und klebt die Vorlage auf die Rückseite des Bildes.

Walser benutzt oft Fotos oder Fotoalben mit Abbildungen von eigenen Arbeiten, um sein Werk zuerst seinen Freunden, später auch Museumsleuten und Galeristen bekannt zu machen. Walter Trepp und Augusto Giacometti gehören zu den ersten Empfängern solcher Werkaufnahmen, und auch Ernst Ludwig Kirchner bekommt immer wieder Photographien und Alben zur Ansicht. Am 31. August 1928 notiert Kirchner in seinem Tagebuch: »Der Andreas Walser sandte heute ein Photo(album), dessen letzte Bilder nach seinem Besuch hier diese obige Art zeigen. Er kommt von van Gogh über alte Miniaturen, Matisse etc. zu mir und entwickelt aus den Webereien diese Bilder.«[20] Interessanterweise erblickt Kirchner in Walsers flächigen Bildern vom Sommer 1928 nicht primär die Wirkung seines eigenen dekorativen Stils der zwanziger Jahre, sondern erkennt darin, wohl zu Recht, eine Umsetzung der Teppichwirkereien, die Lise Gujer (1897–1967) in Zusammenarbeit mit ihm nach seinen Entwürfen entwickelte. Walser ist der Weberin Lise Gujer in Davos, vermutlich während seiner Besuche bei Kirchner, mehrere Male begegnet.

Leonhard Meisser, Bildnis Andreas Walser, 1928
Öl auf Leinwand, 81 x 64 cm
Stiftung Leonhard Meisser, Chur

Im Juli besucht er seine Churer Freundin Bärby Hunger, die in Urmein in den Ferien weilt. Seit 1927 schreibt er der ausgebildeten Sopranistin Briefe, rund zweihundert sind erhalten geblieben. Der angehende Künstler spricht sie zunächst noch als Fräulein Hunger an, doch der Ton der Briefe wird bald vertrauter, und Andreas schreibt offen über seine Neigung zur Homosexualität. Bärby erfährt, vor allem aus den Briefen aus Paris, viel von dem, was ihr Freund erlebt. Er schreibt über die Leute, die er trifft, wie es um seine Arbeit steht und wie es ihm seelisch und gesundheitlich geht.

20 Lothar Grisebach, *E.L. Kirchners Davoser Tagebuch: Eine Darstellung des Malers und eine Sammlung seiner Schriften*, Köln 1968, S. 173.

Walsers Gewohnheit, Werke seinen Freunden und Bekannten zu verschenken oder sie ihnen zur Aufbewahrung zu übergeben, hat ohne Zweifel dazu beigetragen, dass seine Werke weit verstreut sind; andererseits haben genau deswegen verschiedene grössere Blöcke von Arbeiten überlebt. Einer dieser Freunde war Walter Trepp (1911–1992) aus Thusis. Er kannte Walser seit der Schulzeit und bewahrte bis zu seinem Tod Mappen mit Dutzenden von Arbeiten Walsers auf, die sich heute als Dauerleihgabe im Bündner Kunstmuseum in Chur befinden.

Paul Martig, Bildnis Andreas Walser, um 1928
Feder auf Papier, 31 x 23,5 cm
Privatbesitz

Ende September 1928 reist Andreas Walser mit dem Zug nach Paris. Den ersten Brief schickt er an Augusto Giacometti, dem er seinen Pariser Aufenthalt verdankt. Er lebt zunächst im Hôtel Edgar Quinet, im 14. Arrondissement, und nutzt bei seiner Ankunft in Paris die Kontakte zu Martig und Meisser. Die etwas älteren Kollegen helfen ihm in seiner ersten Pariser Zeit. Die gegenseitige Unterstützung ist damals unter den jungen Bündner Künstlern offenbar nicht unüblich, denn der Bildhauer Alberto Giacometti (1901–1966), der älteste Sohn Giovanni Giacomettis, der 1923 bei Meissers Ankunft bereits seit einem Jahr in Paris ist, hat diesem ebenfalls geholfen, dort Fuss zu fassen.[21]

Bereits Mitte Oktober kann Walser, dank der Hilfe von Paul Martig, in einer Ateliersiedlung im gleichen Arrondissement, an der Rue Bardinet 16 bis, ein Atelier übernehmen, das er bis zum Sommer 1929 benutzen wird, »dort wo Meisser war«, wie er in einem Brief an die Eltern ausführt. Der Vormieter seines Ateliers ist ein Basler Maler, dessen Namen Andreas in seinem Brief leider nicht erwähnt.[22]

Sofort nach seiner Ankunft stürzt sich der junge Maler in die Arbeit. An Bärby Hunger schreibt er schon am ersten Oktober, dass er zum Aktzeichnen in die Académie Colarossi gehe und sich sehr gerne im Café du Dôme aufhalte, wo er schon einige Aufsätze geschrieben habe. Er könne noch nicht arbeiten und warte auf sein Atelier. Drei Wochen später, am 21. Oktober, eine knappe Woche nach dem Bezug des Ateliers, schreibt er Bärby, dass er im Atelier, wo bereits mehr als zwanzig Kartons herumstehen, Pariser Strassenbilder bei Tag und Nacht, Köpfe und Stilleben male. Aber das Hoch und das Tief der Gefühle sind auch in Paris seine ständigen Begleiter: »meine Bilder können mich nie trösten. Ich will immer weiter.«[23]

In der Académie Colarossi und in der Académie de la Grande-Chaumière, die er ebenfalls besucht, ist Andreas in der Folge vermutlich nicht allzu häufig anzutreffen. In seinen Briefen sind kaum Hinweise auf Akademiebesuche zu finden. Häufiger hat er vermutlich in bekannten Künstlertreffpunkten Kontakte gesucht und auch gefunden. Der deutsche Dichter Albert H. Rausch (1882–1949), der in den dreissiger Jahren unter dem Pseudonym Henry Benrath publiziert, ist einer seiner ersten neuen Bekannten in Paris. Rausch ist dem George-Kreis verbunden und schreibt in einer klassischen Idealen nachstrebenden Manier Gedichte, Novellen und Reiseberichte. In pathetischen Worten erinnert er sich: »An einem der wahllosesten Orte, die es in Paris gibt, mussten wir uns begegnen, auf der Terrasse jenes Cafés, wo sich die Fragwürdigkeiten der Kontinente

---

21 Vgl. *Meisser* (wie Anm. 17), auf S. 28 f. ist Meissers Text »Mit dem jungen Alberto Giacometti in Paris« abgedruckt.
22 Der Brief an die Eltern vom 28.9.1928 befindet sich in Churer Privatbesitz.
23 Beide erwähnten Briefe an Bärby Hunger sind in *Konkursbuch* 23 (1989) publiziert, der Verbleib der Originale ist unbekannt.

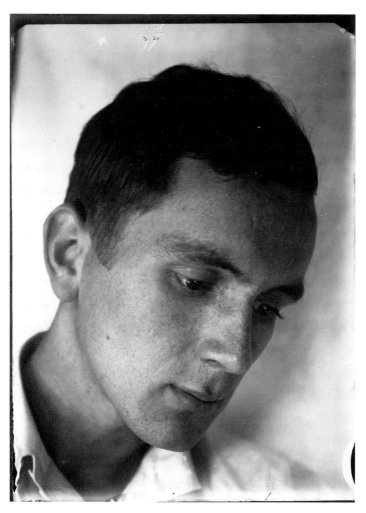

Andreas Walser, vor seiner Abreise nach Paris im September 1928

Abend für Abend zu einem trostlosen Nebeneinander einfinden: alle Armut, alles Laster, aller Wahn, alle Eitelkeit, alle Verzweiflung, nicht einmal überdeckt von der Bemühung um einen schönen Schein, sondern nackt dem Auge dargeboten: ›So ist nun einmal das Leben. Mache dir und uns nichts vor! Komme! Du bist auch nur einer von uns!‹ Hunderte von Gesichtern, zermürbte, fanatische, hungernde, graugelbe oder verschminkte, im Kokain verquollene oder entrückte – und über ihnen allen ein einziges Antlitz, fern und unbeteiligt, ohne es zu wissen: das deine.«[24] Rausch erwähnt zwar den Namen des Cafés nicht, in dem er dem jungen

24 Henry Benrath, *Requiem*, Stuttgart 1941, S. 7.

Schweizer Künstler begegnet, wir gehen aber vermutlich nicht fehl, wenn wir darin das Café du Dôme erkennen. Walser lädt den deutschen Schriftsteller zu einem Besuch in sein Atelier an der Rue Bardinet ein, wo eine besondere Stimmung herrscht:

»Der Wagen fuhr den Boulevard Raspail hinunter, bog in die Avenue d'Orléans, wandte sich nach rechts, als er die Rue d'Alésia erreicht hatte, und hielt schliesslich in der Rue Bardinet, wo du dein Atelier gemietet hattest: eines der vielen, die dort in der Siedlung nebeneinander lagen: alle gleich gross, alle auf die gleichen Bedürfnisse zugeschnitten, alle sehr Bohème …

Es lag auf der Hand: du wolltest dich einreihen in die unübersehbare Schar jener Gläubigen, die auf den ›Ruhm‹ warteten. Du wolltest ihr ungebundenes Leben leben, frei von allen Rücksichten auf die Gesellschaft der Bürger und getragen von jenem Gefühle der Überlegenheit, das noch immer die ›künstlerische‹ Jugend aller Zeiten und Länder als ihr Vorrecht in Anspruch nahm.

Es war warm in dem Raum. Der grosse Ofen war am Abend neu aufgefüllt worden. Es roch nach Ölfarbe, nach Firnis und nach Orangen. Eine hellbraun gebeizte Treppe aus Kiefernholz führte zu einem Söller, der als Schlafstätte diente. Auch der Schreibtisch war da oben schräg gegen ein Fenster gestellt. An allen Wänden aber, in allen Ecken, gab es Bilder, eine verwirrende Zahl von Bildern, gerahmte und ungerahmte, geglättete und gerollte … ein wahrer Ausbruch malerischen Müssens, beängstigend und unübersehbar. Ich brauchte nicht eine Minute der Überlegung, um zu erkennen, in welche Welt ich hier eingetreten war: in eine Welt des unerbittlichen, des aufzehrenden Kampfes um die Farbe: um das Mittel selbst, aus dem das Bild entsteht.«[25]

Die Atmosphäre des Ateliers in der Rue Bardinet, das Albert Rausch beschreibt, ist glücklicherweise auch in einigen Photographien überliefert. Aufschlussreich ist eine Innenaufnahme (Abb. S. 128): Am oberen Bildrand ist das angeschnittene »Portrait Pablo Picasso« (Abb. S. 83) zu erkennen, auf der Staffelei und am Boden stehen mehrere heute verlorene Gemälde. Das Anfang Dezember 1928 gemalte Picasso-Portrait ging im April 1929 in die Galerie Quatre Chemins und liefert uns damit die Eckdaten für die genauere Datierung der Aufnahme. Ein plastischer Kopf und eine stehende Figur sind im Atelier gut sichtbar aufgestellt. Am 16. November 1928 schreibt Andreas in einem Brief an Bärby Hunger: »Letzthin machte ich eine Plastik, eine Büste – ich versuche mich weiter darin – so oder so – es geht doch. Man rät mir tausend Dinge hier – ich höre nicht zu – denn ich weiss ja was ich will«.[26] Der Kopf im Atelier gleicht einem Gipsabguss nach einer ägyptischen Plastik, die der Künstler dem jüngeren Bruder in Chur als Geschenk aus Paris mitbringt. Ist er möglicherweise im Unterricht entstanden? Darf man sich die kleinere

25 Benrath (wie Anm. 24), S. 18–19.
26 Der Brief befindet sich in Berner Privatbesitz.

Andreas Walser vor seinem Atelier in der Rue Bardinet, 1929

Figur, deren Haltung einer Figur auf einer Pinselzeichnung (Abb. S. 98) recht nahe kommt, ungefähr wie die Plastiken Jean Fautriers aus den zwanziger Jahren vorstellen? Es ist jedoch unsicher, ob diese Plastiken wirklich von Andreas Walser stammen. Die Tatsachen, dass kein einziges solches Werk erhalten ist und dass Walser an der Rue Bardinet eine russische Bildhauerin als Ateliernachbarin hat, machen es nicht leichter, einen gültigen Entscheid über die Urheberschaft dieser Arbeiten zu fällen.

Auf einer etwas später entstandenen Aufnahme, die den Künstler vor dem Atelier zeigt (Abb. nebenstehend), ist mehr zu erahnen, als wirklich zu sehen, dass die Fenster übermalt sind. Besser erkennbar sind die übermalten Scheiben in einer Innenaufnahme des Arbeitsraums aus dem Frühjahr 1929 (Abb. S. 129). Auf einer Scheibe zeichnet sich ganz deutlich ein aufgemalter Vogel ab. Walser hat zum Arbeiten öfters die elektrische Beleuchtung dem Naturlicht vorgezogen, und Rudolf Zender empfing er in seinem Hotelzimmer bei gezogenen Vorhängen. Sind die bemalten Gläser vielleicht nur ein Vorhangersatz, der der Abdunkelung des Ateliers dient, oder spielt bei der Bemalung der Fenster nicht auch die Erinnerung an Augusto Giacomettis Glasfenster eine Rolle? In der Mitte der Aufnahme, rechts unterhalb des Fensters, ist ein Gemälde zu erkennen, mit dem sich die Entstehungszeit der Aufnahme genauer bestimmen lässt. Es ist eine Ende März entstandene »Nature morte« (Abb. S. 86), die Walser am 18. Juni 1929 mit einer Widmung an den französischen Dichter Georges Hugnet (1906–1974) verschenkt, der von 1932 bis zu seinem Ausschluss im Jahr 1939 zur Surrealistengruppe um André Breton (1896–1966) gehört. Das auf Karton gemalte Stillleben befindet sich seit 1989 in der Sammlung des Bündner Kunstmuseums und ist in mehrfacher Beziehung aussergewöhnlich. Mit Reissnägeln ist ein unregelmässiges Stück Leinwand auf den Malkarton geheftet, der als Bildträger fungiert. Kein zweites Gemälde Walsers mit collageartigen Elementen ist erhalten geblieben.[27] Das Stilleben hat in einer farbigen Zeichnung eine genaue Entsprechung (Abb. S. 97). Für die Umsetzung oder Wiederholung einer Kompostion in einer anderen Technik gibt es bisher ebenfalls keine weiteren Belege im Werk von Andreas Walser. In der oberen rechten Ecke der Atelieraufnahme ist ein auf einen hellen Grund projiziertes Traumbild zu erkennen, »Rêve«, die einzige bekannte vollständig übermalte Leinwand aus seiner Hand. Mehrere Hauptelemente des Bildes, zwei männliche Köpfe, eine Opiumpfeife und ein fünfzackiger Stern – das Emblem Cocteaus –, sind auch auf der Photographie auszumachen.

In Walsers ersten Gemälden aus Paris ist stilistisch eine gewisse Nähe zu Augusto Giacomettis Pastellen und Ölbildern der zwanziger Jahre spürbar, vor allem in den frühen Stilleben (Abb. S. 81) und in Pariser Stadtlandschaften wie »Place d'Alésia« (Abb. S. 82). Er malt jedoch keineswegs einfach Kopien; Stilelemente übernimmt er nicht kritiklos, sondern transformiert sie zu einer eigenständigen Formensprache. Der Zwanzigjährige ist dabei nicht auf ein einzelnes Vorbild fixiert, sondern verbindet in seinen Bildern oft verschiedene Einflüsse. Bei manchen frühen Pariser Stilleben scheinen denn auch bei längerer Betrachtung Gemälde des Franzosen Jean Fautrier (1898–1964) aus den Jahren 1926 bis 1928 als Vorbild ebenso plausibel wie jene Augusto Giacomettis. Die Stadtlandschaften Maurice Utrillos (1883–1955), die Walser schon vor seiner Ankunft in Paris schätzte, sind offenbar nicht ganz ohne Einfluss auf einige seiner Bilder geblieben. Das anfangs Dezember gemalte »Portrait Pablo Picasso« (Abb. S. 83) orientiert sich stilistisch zwar am synthetischen Kubismus, Walser integriert darin aber noch symbolistische Elemente, die in ähnlicher Art auch in Ernst Ludwig Kirchners »Müllerkopf mit Blumen« von 1927 (Abb. S. 130) weiterleben. Anfangs 1929 entsteht das Gemälde »Nature morte: Statue à la fenêtre« (Abb. S. 84), die wohl am ehesten in Arbeiten von Francis Picabia (1879–1953) eine Entsprechung hat. Bei allen möglichen Einflüssen, die man in Walsers Bildern aus Paris zu erkennen glaubt, ist ihnen ein unverkennbar eigener Ausdruck nicht abzusprechen. Ihre stilistische Heterogenität erinnert, bis zu einem gewissen Grad, an die Arbeitsweise von Meret Oppenheim (1913–1985), die, wie Walser, bald nach ihrer Ankunft in Paris Anschluss an avantgardistische Künstlerkreise findet. Die Basler Künstlerin ist allerdings erst einige Jahre nach Andreas Walsers Tod in Paris anzutreffen.

Wo ist Andreas Walsers Arbeit einzuordnen? Aufschlussreich ist Kirchners Urteil über den zwanzigjährigen Walser vom September 1928, wenige Tage vor dessen Abreise nach Paris:

»Wenn Sie bei der construktiven Art der Bilder [...] bleiben, werden Sie in Paris gewiss viel Anregung finden.

Die Form selbst wird sich ja noch ändern aber der Weg [...] ist sicher der rechte, der direkt in die Probleme unserer neuen Malerei führt. Sie sind übrigens der erste schweizer, den ich kenne, der wirklich das neue

---

27 Das Portrait von René Crevel (Abb. S. 108) ist nur in einer Photographie dokumentiert.

Das Atelier in der Rue Bardinet, Walsers erstes Atelier in Paris, 1929

Sehen, das in der Kunst heute lebt, ahnt.«[28] Im gleichen Brief schreibt Kirchner: »Mit den letzten Bildern werden Sie sehr schnell an eine Wegkreuzung kommen, wo es ins Abstrakte abgeht, ich bin sehr gespannt, wie Sie sich da stellen werden.«

Kirchner, der in der Regel Schweizer Künstlern nur in Ausnahmefällen eine positive Note erteilt, erkennt, dass Andreas Walser sich in Paris rasch in die neue künstlerische Umgebung einfühlen wird und er sich dort nicht ausschliesslich auf einen Künstler oder eine Stilrichtung fixieren wird. Er sieht auch voraus, dass Andreas Walser sich bald mit der Abstraktion beschäftigen wird: Spätestens im Frühjahr 1929 malt Walser abwechselnd gegenständliche und ungegenständliche Bilder. Der junge Bündner Künstler erarbeitet sich in einer Zeit, in der hart um die abstrakte Kunst gekämpft wird, den Gebrauch beider Formensprachen; ideologische Grabenkämpfe scheinen ihn nicht zu interessieren.

Dass es einen jungen Künstler in den zwanziger Jahren nach Paris zieht, ist allein noch nichts aussergewöhnliches. Walser gehört jedoch zu den wenigen Schweizer Künstlern der Zwischenkriegszeit, die den Anschluss an die internationale Avantgarde vollziehen, und nicht zu jenen die, wie Kirchner in einem Brief schreibt, eine einseitige »Cézanneverehrung« treiben.[29] Als ob Andreas Walser seinen frühen Tod vorausgeahnt hätte, entsteht in der kurzen Zeit, die ihm in Paris bemessen ist – es sind knapp achtzehn Monate – eine grosse Anzahl von Arbeiten, in denen seine ausserordentliche Begabung zum Ausdruck kommt. Während aber Alberto Giacometti, Serge Brignoni, Meret Oppenheim oder Kurt Seligmann (1900–1962) vom Surrealismus ausgehend über

28 Der Brief, aus dem dieses Zitat stammt, ist auf S. 15 abgedruckt.
29 Vgl. Kirchners Brief an AW vom 4.12.1928, S. 22 f.

Jahrzehnte hinweg ihr Werk entwickeln können, verhindert im Fall von Andreas Walser der frühe Tod das Wachsen eines reifen, abgeschlossenen Werks: Sein Oeuvre bleibt ein Fragment eines Lebenswerks.

In den Briefen Andreas Walsers an Bärby Hunger finden sich ab Mitte November 1928 Hinweise auf ein Ausstellungsangebot einer kleineren Galerie in der Rue Bonaparte, der Galerie Mercure. Am 5. Dezember schreibt ihr Walser, dass seine Ausstellung von Mitte Dezember 1928 bis Mitte Februar 1929 dauern wird. Leider gibt es bisher keinen direkten Nachweis, dass diese Ausstellung tatsächlich stattgefunden hat.[30] Bemerkenswert ist auf jeden Fall, dass Walser nach kaum sechs Wochen in Paris bereits gute Kontakte zu Galerien hat und auch schon Bilder verkaufen kann.

Walsers Atelier in der Rue Bardinet, 1929

Am 8. November berichtet Andreas Bärby Hunger von seinem Versuch, Picasso in dessen Atelier an der Rue La Boétie zu treffen.[31] Am 5. Dezember empfängt ihn Picasso schliesslich. Sein »Portrait Pablo Picasso« (Abb. S. 83) ist auf diesen Tag datiert. Die folgenden Briefe belegen, dass er nach diesem ersten Treffen Picasso manchmal auf der Strasse trifft und ihn immer wieder besucht. Anfang 1929 schenkt er Picasso sein Gemälde »Buste à la fenêtre« (Abb. S. 78), das er mit der folgenden rührenden Widmung versieht: »à Pablo Picasso son petit élève Andréas Walser«.

In Paris findet der junge Schweizer dank seiner Ausstrahlung schnell Kontakte, nicht nur zu Galerien und etablierten Künstlern, sondern auch

---

30 Vgl. S. 23 f. für AWs Brief an Bärby Hunger vom 5.12.1928. – Der weitere Kontakt zur Galerie ist besser zu belegen. Nach dem Tod AWs wurde, gemäss den Aufzeichnungen von Albert Rausch, eine Leinwand AWs aus der Galerie Mercure abgeholt. Die Galerie wird vermutlich von einem Herrn Marck geleitet: AW benutzt in seinen Briefen die Ausdrücke Marck, Galerie Marker und Galerie Mercure, meint damit aber offenbar immer die gleiche Galerie.
31 Vgl. S. 18 f.

Ernst Ludwig Kirchner, Müllerkopf mit Blumen, 1927
Öl auf Leinwand, 70 x 60,5 cm
Städelsches Kunstinstitut, Frankfurt am Main

zu Gleichaltrigen. Wenige Wochen nach seiner Ankunft in Paris lernt er Emmanuel Boudot-Lamotte (1908–1981) kennen und freundet sich mit ihm an. Nel, so nennen ihn seine Freunde, belegt vor allem Vorlesungen in Kunstgeschichte, als er Andreas kennenlernt. Er studiert bei Henri Focillon am Institut d'Art et d'Archéologie. Später wird Emmanuel Boudot-Lamotte, der auch im Verlagswesen tätig ist, vor allem durch seine Photographien bekannt, die in der Tradition der Florentiner Gebrüder Alinari stehen. Nel ist zumindest in einer Hinsicht mit Walter Trepp zu vergleichen. Ihm ist es nämlich zu verdanken, dass viele Arbeiten Walsers aus der Pariser Zeit überlebt haben. Nel erhält von Andreas zahlreiche Arbeiten als Geschenk und trägt auch nach dessen Tod aktiv Arbeiten Walsers aus verschiedenen Sammlungen zusammen.

Weihnachten und Jahresende 1928 verbringt Walser bei seiner Familie in Chur. Am 16. Dezember schreibt der junge Maler, der zunehmend flächig gestaltete Bilder malt, einen an Nel gerichteten Brief aus Chur mit den wohl nicht nur ironisch gemeinten Worten: »voilà le fondateur du ›planisme‹ et ton ami Andreas«. Am 31. Dezember teilt er Nel in einem weiteren Brief mit, dass er Kirchner besucht habe und dass er am 5. Januar zurück in Paris sein werde.[32]

Am 8. Januar 1929 wendet sich Andreas aus Paris an seinen Bruder und bittet ihn, bei Leonhard Meisser, der sich offenbar gerade in Chur aufhält, vorbeizugehen.[33] Er möchte über Meisser die Pariser Adresse von Alberto Giacometti erfahren, weil er erneut versuchen will, mit Giovanni Giacometti in Verbindung zu treten. Das Werk des berühmten Vaters ist ihm in diesem Moment wichtiger als jenes des jungen Bildhauers Alberto, der nur wenige Jahre älter ist als er selbst. Aus heutiger Sicht ist dies eher überraschend, aber Walser bewundert zu dieser Zeit vor allem Künstler, die nicht seiner Generation zuzurechnen sind: Augusto Giacometti,

---

32 Beide in diesem Abschnitt erwähnten Briefe an Nel befinden sich in Pariser Privatbesitz.
33 Der Brief befindet sich in Churer Privatbesitz.

Kirchner, Picasso und Cocteau. Im gleichen Brief schneidet er ein weiteres interessantes Thema an. Wenn möglich, möchte er für ein Semester nach Dessau ans Bauhaus: »Die Hefte von Kirchner über d. Dessauerschule habe ich durchgesehen – das interessiert mich sehr«.[34]

Der erste Kontakt zu Jean Cocteau ist auf Anfang 1929 zu datieren: Andreas ist nach seiner Rückkehr nach Paris immer wieder müde und krank, manchmal hat er hohes Fieber. Nel bringt dem kranken Freund Bücher des Dichters. Deren Lektüre veranlasst ihn, sich brieflich an ihn zu wenden.[35] Der erste erhaltene Brief Cocteaus an Walser (Abb. S. 26) ist vom 16. Januar.[36] Er kommt aus der Klinik in der Avenue Pozzo di Borgo in Saint-Cloud, wo sich Cocteau einer Opium-Entziehungskur unterzieht. Auf dem Briefbogen hat Cocteau einen verwachsenen Torso, eine doppelköpfige menschliche Figur mit abgeschnittenen Beinstummeln, die in einer Hand eine Opiumpfeife hält, gezeichnet.

Nature morte, 1928
Pastell auf Papier, Masse und Standort unbekannt
Photographie, rückseitig von
Emmanuel Boudot-Lamotte bezeichnet:
»(Chez Jeanne Bucher) noir, bleu, orange, vert;
Andréas-W Pastel-Coire-1928«

Am 17. Januar skizziert und beschreibt Andreas seinem Bruder in einem Brief sechs neue Bilder, die er Picasso zeigen will (Abb. S. 29/30).[37] Das erste der skizzierten Bilder, »Nature morte: Statue à la fenêtre« vom

---

34 Kirchners Bibliothek, die 1951 in Bern versteigert wurde, enthielt verschiedene Bauhaus-Bücher. Viele Zeitschriften Kirchners, vielleicht auch jene, die er AW zum Studium überliess, sind durch Wasserschäden unbrauchbar geworden und 1945 beim Ausräumen des Hauses des Künstlers verbrannt worden. Vgl. Karlheinz Gabler (Hg.), *E.L. Kirchner: Dokumente, Fotos, Schriften, Briefe*, Aschaffenburg 1980, S. 353 und 361.
35 Vgl. beispielsweise AWs Briefe an Bärby Hunger vom 2.2.1929 und 15.2.1929. Sie sind in *Konkursbuch* 23 (1989) publiziert.
36 Vgl. S. 25. Für einen gute Einführung in das weitverzweigte Werk Cocteaus vgl. Jochen Poetter (Hg.), *Jean Cocteau: Gemälde, Zeichnungen, Keramik, Tapisserie, Literatur, Theater, Film, Ballett*, Köln 1989.
37 Vgl. S. 27.

7. Januar 1929 (Abb. S. 84), ist erhalten geblieben. Die letzte Skizze zeigt das Gemälde, das er Picasso schenkt (Abb. S. 78). Am 24. Januar schreibt er Bärby Hunger über einen kürzlich erfolgten Versuch, den Dichter Jean Desbordes (1906–1944), einen Freund Cocteaus, zu treffen: »ich fand ihn nicht – er wird mir schreiben«.[38] Er habe fünf neue Bilder bei Picasso. Vermutlich sind sie unter den sechs Gemälden zu finden, die er eine Woche zuvor im Brief an seinen Bruder skizziert hatte.

Walser gelingt es, Bilder bei verschiedenen Galerien unterzubringen. Er hat offenbar mehr als bloss einen guten Kontakt, denn er fragt Bärby Hunger am 15. Februar: »habe ich Dir schon gesagt, dass ich je 10 Bilder in hiesigen grossen Kunsthandlungen habe – die einen angekauft, d. andern als Kommission – aber ich habe immer noch über 100 um mich herum – eine grosse Familie.«[39]

Er habe ein Ausstellungsangebot der renommierten Galerie Quatre Chemins erhalten, teilt Andreas am 17. Januar seinem Bruder mit. Bereits am 2. Februar besucht ihn ein deutscher Schriftsteller, der »für hiesige Galerien« arbeitet und ihm neun Bilder für 1000 Francs abkauft. Walser hilft ihm, die Bilder in die Galerie zu transportieren und begegnet auf dem Rückweg auf der Strasse Picasso, dem er den Verkauf verdankt.[40] Ist der deutsche Schriftsteller wohl Wilhelm Uhde (1874–1947), der als Sammler, Kunsthändler und Kunstschriftsteller tätig ist? Dafür spricht eine Eintragung im Heft, in dem der junge Maler die Werke, die sein Atelier verlassen, aufzeichnet. Unter der Rubrik »Collection W. Uhde« sind dort neun Leinwände und Kartons aufgeführt.[41] Die Tatsache, dass Picasso den Verkauf vermittelt hat, ist ein weiterer Hinweis darauf, dass Uhde der im Brief beschriebene deutsche Schriftsteller sein könnte. Uhde gilt als der erste private Käufer eines Picasso-Gemäldes und hat ein Buch über den spanischen Künstler verfasst, *Picasso et la tradition française: Notes sur la peinture actuelle*, das 1928 in den Editions des Quatre Chemins erschien.[42] Hat Uhde die Bilder für sich oder für die Galerie Quatre Chemins erworben?[43]

Meist verkauft Uhde Bilder direkt aus seiner eigenen Sammlung heraus, möglicherweise agiert er also nicht im Auftrag der Galerie Quatre Chemins. Die direkte Verbindung zu dieser Galerie ist auf anderem Wege zu belegen. Der französische Schriftsteller Maurice Sachs (1906–1945) leitet die Galerie Quatre Chemins.[44] Er ermöglicht 1928 die Publikation von

---

38 Der Brief AWs an Bärby Hunger, aus dem hier zitiert wird – nicht der in *Konkursbuch* 23 (1989) unter gleichem Datum publizierte, sondern ein zweiter vom 15.2.1929 –, befindet sich in Berner Privatbesitz.
39 Ebd.
40 Vgl. den Brief vom 2.2.1929 an Bärby Hunger, publiziert in *Konkursbuch* 23 (1989).
41 Das Heft befindet sich in Pariser Privatbesitz.
42 Wilhelm Uhde beschreibt den Erwerb des Bildes in: ders., *Von Bismarck bis Picasso: Erinnerungen und Bekenntnisse*, Zürich 1938, S. 140–141.
43 Ein zweiter deutscher Schriftsteller, der Werke AWs besass und sie vermutlich auch Galerien zu vermitteln suchte, war der bereits genannte Albert Rausch.
44 Zu Maurice Sachs vgl. Henri Raczymow, *Maurice Sachs*, Paris 1988.

Le mystère laïc: Essai d'étude indirecte, Jean Cocteaus wichtigem Buch über den Begründer der *pittura metafisica*, Giorgio de Chirico (1888–1978), in den Editions des Quatre Chemins.[45] Sachs erwirbt in der ersten Hälfte des Jahres 1929 viele Arbeiten Walsers, und einige Bilder des Bündners gehen noch im Frühjahr in die ständige Ausstellung der Galerie. Wir können also ziemlich sicher sein, dass es sich bei der Galerie Quatre Chemins um eine der »grossen Kunsthandlungen« handelt, die Arbeiten Walsers übernimmt.

Bei der zweiten wichtigen Galerie, die Bilder Walsers in ihr Angebot aufnimmt, handelt es sich vermutlich um die Galerie Jeanne Bucher.[46] In seinem Heft trägt Andreas unter der Rubrik »Collection Jeanne Bucher« neun Bilder auf Leinwand und auf Malkarton ein. Bei Jeanne Bucher befindet sich auch ein heute verlorenes, vermutlich 1928 entstandenes Pastell (Abb. S. 131), wie aus der Beschriftung der Photographie hervorgeht, die das Blatt dokumentiert. Jeanne Bucher eröffnet Ende März 1929 ihre neue Galerie an der Rue du Cherche-Midi 5 und arbeitet mit der »Librairie du Carrefour« zusammen, wo sie Georges Hugnet kennenlernt.[47] Vielleicht ist die Eröffnung der grösseren Galerie für Jeanne Bucher ein Grund, Arbeiten Walsers in das Angebot ihrer Galerie aufzunehmen.

Jean Cocteau wird nun, als sich wichtige Galerien für das Werk des jungen Malers zu interessieren beginnen, in verschiedener Hinsicht zum Vorbild Walsers: »Meine Bilder male ich jetzt am besten in einer etwas künstlich hervorgebrachten Erregung«.[48] Er trinkt flaschenweise Likör um malen zu können.

Seit Anfang April 1929 plagt Walser ein schmerzhafter Abszess am Fuss.[49] Dazu kommt ein beunruhigender Befund des Arztes: »vous êtes complètement intoxiqué«.[50] Er werde anders leben müssen, denn er sei im Stadium der Entwöhnung, meint der Künstler, aber: »ich hab in solchen ›gemachten‹ Momenten doch meine besten bilder gemalt – es ist sicher wahr – Jean Cocteau sagt mir so lieb: tu dois savoir jusqu'où il faut aller trop loin«.[50]

Maurice Sachs besucht am 12. April den kranken Maler: »Gestern besuchte mich der Dichter der Galerie 4 chemins [Maurice Sachs] – im okt. macht man mir dort eine Ausstellung (ehre) u. ein paar bilder gehen jetzt als ständige Ausstellung dorthin, z. B. die bildnisse Picasso,–

---

45 »Le mystère laïc« ist ebenfalls der Titel eines Gemäldes von AW.
46 AW versucht dort eine Kirchner-Ausstellung in die Wege zu leiten, vgl. Kirchners Brief an AW vom 9.2.1929, S. 32.
47 Zuvor hatte Jeanne Bucher einige Jahre in den kleineren Räumen ihrer Buchhandlung an der Rue du Cherche-Midi 3, die auch als Galerie fungierte, Kunst ausgestellt, vgl. *Jeanne Bucher: Une galerie d'avant-garde*, Strasbourg / Genève 1994, S. 17.
48 Vgl. Brief vom 15.2.1929 an Bärby Hunger, publiziert in *Konkursbuch* 23 (1989).
49 Vgl. AWs Brief an Bärby Hunger vom 9.4.1929, S. 38.
50 Das Zitat stammt aus AWs Brief an Bärby Hunger vom 13.4.1929, S. 38 f.
51 Ebd.

Der schlafende Andreas Walser, Disentis, Sommer 1929

Cocteau, – Colette – 3 meiner Bilder, die am meisten Eindruck machen, weil sie wirklich ganz neuartig sind«.[52]

Am 17. April schreibt Guy de la Brosse, wohl im Hinblick auf diese Präsentation in der Galerie Quatre Chemins, in der Tageszeitung *Paris-Soir*:

»M. Andreas Walser, peintre suisse, vient d'arriver à Paris. Il est originaire du canton des Grisons (vous savez bien ce canton étrange, où l'on parle une langue qui rappelle l'espéranto: le romanche). Il vient de terminer ses études à Coire, chef-lieu du dit canton.

Ami de Jean Cocteau et de Pablo Picasso, M. Walser va prochainement exposer, dans une galerie de la rive droite, vouée aux peintres étranges et étrangers.«

Am gleichen Tag erreicht Walser ein Brief, in dem ihm Kirchner mitteilt, dass es schade sei, dass in der Galerie Jeanne Bucher keine Kirchner-Ausstellung zustande komme. Im gleichen Schreiben teilt der deutsche Expressionist Walser mit, dass er ihn im Sommer gerne in Davos besuchen dürfe. Er will aber nicht mehr, wie in den vorangegangenen Jahren, während Wochen junge Künstler beherbergen.[53]

Der kranke Andreas Walser ist oft von Selbstzweifeln geplagt: »Ich habe gemalt heute Nachmittag ein Bildnis v. Chirico, den ich einmal sah, ich weiss nicht ob d. bild etwas wert ist oder nicht«. Er empfängt trotz-

---

52 Ebd. – Die drei Bilder, die AW hier erwähnt, sind »Portrait Pablo Picasso« (Abb. S. 83), »Portrait Jean Cocteau« (Abb. S. 99) und »Portrait Colette« (Abb. S. 79).
53 Vgl. Kirchners Brief an AW vom 17.4.1929, S. 40.

dem immer wieder Besuche: »Jean Cocteau u. Desbordes kamen letzthin wieder zu mir – das ist alles was ich jetzt habe«.

In Paris zeigt man sich besorgt um seine Gesundheit: »Maurice Sachs ein Freund von Cocteau tut viel liebes für mich er kauft bilder – hat dutzende von zeichnungen von mir u. verschaffte mir letzthin ein rendez-vous mit einem grossen arzte«.[54]

Albert Rausch zeichnet den Frühling 1929 aus der Erinnerung nach und erinnert sich dabei im Besonderen an ein Nachtessen in Pontoise, an dem ihm sein junger Freund aus der Schweiz von Jean Cocteau erzählte:

»Du besuchtest in jenem Frühling viele Kunstsammler und Bilderhändler, auch viele Maler und Dichter. Du wolltest, dass man dich kenne, und du wolltest, dass man wisse, wo du bewundertest und liebtest. Ich erkundigte mich

Studie mit Farbbezeichnungen, um 1929
Bleistift auf Papier, 20,9 x 13,5 cm
Privatbesitz

niemals, wie man dich aufgenommen noch mit welcher Münze man dir zurückgezahlt habe …

Eines Abends, als wir unter blühenden Pflaumenbäumen in Pontoise zu Nacht assen, sprachst du mir von einem Dichter, der dir geraten habe, dein Lebensgefühl und damit deine schöpferischen Kräfte durch Opiate zu steigern.

Ich erwiderte, mich zu ruhigem Sprechen zwingend: – Ich habe noch niemals eine Forderung an dich gestellt. Aber das Haus dieses Mannes wirst du meiden müssen, und sei er tausendmal ›une des gloires littéraires de la France‹ …«[55]

---

54 Die Zitate in diesem Abschnitt stammen aus Briefen an Bärby Hunger vom 18.4.1929, vom 19.4.1929 und vom 26.4.1929, die sich in Berner Privatbesitz befinden. AW hat einige Tage nach dem ersten offenbar noch ein zweites Bildnis de Chiricos gemalt. Der Standort beider Bilder ist heute unbekannt.
55 Benrath (wie Anm. 24), S. 29–30.

de la part de M. Andréas-Walser

INVITATION

EXPOSITION D'ART ABSTRAIT

Peintures de **JOHN GRAHAM, KAKABADZÉ
SOLLENTO, TORRES-GARCIA, TUTUNDJIAN
ANDRÉAS-WALSER, ZÉRO**
Sculptures de **OTTO FREUNDLICH
TUTUNDJIAN, VANTONGERLOO**

Du 13 Juillet au 2 Août 1929
tous les jours, sauf les dimanches, de 10 à 12 h. et de 2 à 6 h.
Vernissage le samedi 13 Juillet, de 3 à 7 h.

ÉDITIONS BONAPARTE
Tél. Danton 76-91   **12, Rue Bonaparte**   PARIS-VIe

*Einladungskarte zu einer Ausstellung, Sommer 1929
Privatbesitz*

In der letzten Aprilwoche geht Andreas Walser nach einer Drogenkrise knapp am Tod vorbei, er liegt drei Tage bewusstlos im Bett. Am 30. April schreibt Emmanuel Boudot-Lamotte an Bärby Hunger:

»il est sauvé, aujourd'hui, mais j'ai peur de l'avenir. Andréas n'est plus maître de lui. Il veut s'intoxiquer n'importe comment, croyant que l'excitation artificiel de son esprit est la condition de son art. Café, alcool, tabac, somnifère, quoi qu'il ait sous la main il le prend en dose massive, comme malgré lui.«[56]

Am 2. Mai schreibt Andreas seiner Freundin in Chur eine kurze, beruhigende Notiz, dass es ihm besser gehe, und malt »Abstraction« (Abb. S. 88).[57] In diesem Gemälde scheint er Bildfindungen Joan Mirós (1893–1982) zu verarbeiten – Miró hat in den zwanziger Jahren in seinen Bildern öfters grosse Teile der Leinwand unbemalt gelassen und wolkenartige Formen sowie Schriftelemente eingesetzt – Walsers »Abstraction« ist aber wohl auch ein Reflex seiner Erfahrungen mit Drogen, wie das filigrane Wort »Morphine« zeigt, das in einem weissen Wölkchen etwas oberhalb der Bildmitte schwebt.[58] Jean Cocteau und Ernst Ludwig Kirchner wurden bald über den Vorfall informiert, wie ihre Briefe an den jungen Maler zeigen.[59]

Andreas geht es nach einigen Wochen wieder besser. Am 22. Mai besucht er den Louvre. Am Tag zuvor habe er Picasso auf der Strasse angetroffen, am Freitag gehe er zu ihm, und Cocteau sei wieder in Paris, schreibt er Bärby Hunger. Er nimmt keine grosse Rücksicht auf seine Gesundheit und verausgabt sich für seine Kunst: »Es geht mir wieder einmal nicht gut ich habe mich an einem grossen bilde ganz erschöpft – dort liegt es u. ich bin da u. verstehe nichts mehr ich malte seit gestern die ganze Nacht u. den Tag durch – Picasso u. Cocteau am Meere sitzend – mein bestes bild sicher«[60] Der Standort des Bildes ist heute nicht mehr bekannt.

56 Der Brief befindet sich in Pariser Privatbesitz.
57 Die Notiz befindet sich in Berner Privatbesitz.
58 Vgl. AWs Brief an Bärby Hunger vom 4.5.1929, der von seinem physischen Zusammenbruch handelt, S. 42 f.
59 Vgl. S. 43, 44, und 44 ff.
60 Der Brief an Bärby Hunger vom 22.5.1929, wie auch jener vom 28./29.5.1929, aus dem das zweite Zitat stammt, befinden sich in Berner Privatbesitz.

Links: Ungegenständliches Gemälde , vermutlich Abstraction noir (rouge), 14.5.1929
Öl auf Leinwand, Masse und Standort unbekannt
Rechts: Gemälde, um 1929
Öl auf Leinwand, Masse und Standort unbekannt
Photographie, um 1929

Vom Kontakt Walsers zum französischen Photographen Maurice Tabard (1897–1984), von dem er einige handwerkliche Grundlagen der Photographie lernt, zeugen seine wohl im Herbst 1929 entstandenen Fotogramme sowie das »Portrait René Crevel« vom 15. Oktober 1929.[61] Gemäss seinem Bruder Peter Walser wollte der junge Künstler, der schon in Chur photographiert hatte, das Handwerk des Photographen soweit erlernen, dass er die Dokumentationsaufnahmen seiner Werke selbst herstellen konnte.[62] Vermutlich im Frühjahr/Sommer 1929 verbringt er darum einige Zeit im Atelier von Tabard, der zuvor mehrere Jahre in den Vereinigten Staaten als Portraitphotograph tätig war.

61 Vgl. Abb. S. 106, 107 und 108.
62 Es ist nicht auszuschliessen, dass Kirchner, der selbst Dokumentationsaufnahmen seiner eigenen Arbeiten herstellte, in dieser Hinsicht ein Vorbild für AW ist (vgl. *Ernst Ludwig Kirchner, Die Fotografie,* Band II des Sammlungskataloges, Davos / Baden 1994). In diesem Zusammenhang stellt sich natürlich auch die Frage, ob es Aufnahmen Kirchners gibt, die AW darstellen. Die Kuratorin des Kirchner-Museum Davos, Dr. Gabriele Lohberg, schreibt in einem Brief vom 23.8.1994: »Kirchner hat A. Walser nicht fotografiert. Auf jeden Fall befindet sich kein solches Negativ im Bestand des Kirchner Museum Davos.«

Andreas Walser (links) und Walter Trepp auf dem Piz Beverin, Sommer 1929

Bei seiner Rückkehr nach Frankreich im Jahr 1928 hat Tabard die Absicht, Modephotograph zu werden. In Paris, wo er für viele Zeitschriften arbeitet, kommt er bald mit Avantgardekreisen in Berührung und lernt um 1930 Künstler wie Man Ray (1890–1976) und René Magritte (1898–1967) kennen. Maurice Tabard arbeitet um 1930 mit der Doppelbelichtung, der Solarisation und stellt Fotogramme her, experimentelle photographische Techniken sind ihm also nicht fremd.[63]

Der Amerikaner Man Ray ist seit 1921 in Paris und stellt seit den frühen zwanziger Jahren, indem er verschiedene Gegenstände auf Fotopapieren arrangiert und diese dann direkt belichtet, Fotogramme her, die er Rayogramme nennt. Ob Andreas Walser durch Tabard, von dem er vermutlich lernt, wie Fotogramme herzustellen sind, oder durch Cocteau, der den amerikanischen Maler und Photographen und dessen experimentelle Fototechniken ebenfalls kennt, Man Ray auch persönlich begegnet, kann nicht mit Bestimmtheit gesagt werden. Nicht auszuschliessen ist, dass Walser zuerst durch sein Interesse am Bauhaus auf neue photographische Techniken aufmerksam wird. Der Vater des Licht-Raum-Modulators, Laszlo Moholy-Nagy (1895–1946), ist von 1923 bis 1928 Lehrer am Bauhaus und beschäftigt sich in dieser Periode intensiv mit dem Fotogramm.

Irgendwann im Verlauf des Frühjahrs 1929 trifft der Student Bruno Giacometti seinen ehemaligen Schulkameraden aus Chur in Begleitung des Bildhauers Ossip Zadkine (1890–1967) in Paris. Es bleibt bei der einmaligen, zufälligen Begegnung in einem Künstlercafé, dem Café du Dôme oder der Rotonde.

Albert Rausch fragt Walser, ob er ihn im Sommer nach Spanien begleiten möchte. Der Maler lehnt das Angebot ab, die Reise würde sein

---

63 Zu Maurice Tabard vgl. Pierre Gassmann u. a., *Maurice Tabard*, Paris 1987.

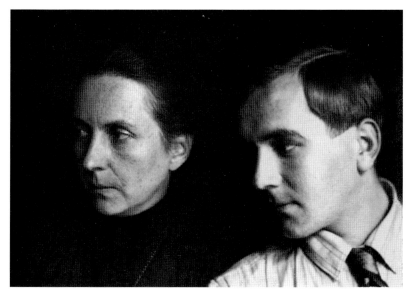

Andreas Walser und seine Mutter Else Walser-Gerber, Weihnachten 1929

Leben »verzehnfachen«, meint er, und begründet seinen Entscheid, während er dem deutschen Schriftsteller eine Mappe von Arbeiten zeigt, die er »La hantise des yeux« nennt: »Ich kann oft nicht schlafen, sagtest du leise (fast als ob du dich schämen müsstest), weil mich immer ein solches Auge anschaut. Ich weiss nicht, was es von mir will – aber ich weiss dass es das Auge des Todes ist, der in mir wandert ... Ich habe mich überblüht in mir selbst, ich bin der Grenze zu nahe gekommen. Ich muss nach Hause. In mein Land. Dort bin ich weit entfernt von meinem Tode ... Ich werde niemals mehr in diesem Atelier wohnen ... Wenn ich im Winter nach Paris zurückkehre, werde ich mir ein grosses Zimmer ganz oben in einem Hotel mieten, hoch über den Dächern. Ich werde ein regelmässiges äusseres Leben führen. Ich werde aufbrauchen, was mir mein Vater gibt, und den Wahn über Bord werfen, dass die Grösse einer künstlerischen Leistung der Not entspringen müsse ... Ja, ich werde Paris vielleicht im nächsten Jahr verlassen und in den Süden gehen ... Mich lockt schon lange Afrika. Das Bled. Du kennst es ... Ich brauche die Verzauberung ... Ich lese oft die ›Märchen aus Tausendundeiner Nacht‹. Paris wird meine Liebe bleiben: mais Paris ne me tient plus ...«[64]

---

64 Benrath (wie Anm. 24), S. 37–38. AW hat später noch für ein kleines Büchlein Rauschs Illustrationen geschaffen, persönlich hat er den Dichter vor seinem Tod jedoch nicht mehr getroffen (vgl. Henry Benrath, *Das Land um Friedberg und Bad Nauheim*, Friedberg / Bad–Nauheim 1930). Neben den dafür geschaffenen Illustrationen AWs sind einige Zeichnungen und ein Gemälde AWs aus dem Besitz von Albert Rausch darin reproduziert. Der Erinnerung AWs ist, neben Benraths *Requiem* von 1941, auch die »Pariser Elegie« von 1938 gewidmet (Henry Benrath, »Pariser Elegie«, in: *Paris*, Olten 1938, S. 13–35).

Peter Walser, 1929

Ende Juni ist Walser noch in Paris, den Sommer verbringt er jedoch an verschiedenen Orten in Graubünden. Er hält sich längere Zeit in Chur, in Disentis und in Bergün auf. Eine schöne Aufnahme von Peter Walser zeigt den schlafenden Andreas in Disentis (Abb. S. 134). Die Haltung des Schlafenden und der Bildausschnitt erinnern an Zeichnungen, die Cocteau 1929 in einem illustrierten Buch veröffentlicht. Dort hat Cocteau den schlafenden Jean Desbordes in vielen Zeichnungen festgehalten, in der gleichen Art wie der schlafende Andreas Walser auf der genannten Photographie.[65]

In Paris findet in den Editions Bonaparte vom 13. Juli bis zu 2. August eine Ausstellung abstrakter Kunst statt, die durch eine Einladungskarte belegt ist (Abb. S. 136). An der Gruppenausstellung nehmen zehn Künstler teil. Neben den Bildern Andreas Walsers, vielleicht ist das heute verlorene Gemälde auf (Abb. S. 137 links) darunter, gibt es zum Beispiel Gemälde von Joaquín Torres-García (1874–1949) sowie Skulpturen von Otto Freundlich (1878–1943) und Georges Vantongerloo (1886–1965) zu sehen.[66] Diese drei Künstler sind Mitglieder der avantgardistischen Künstlergruppe Cercle et Carré: der Belgier Vantongerloo und der in Uruguay geborene Torres-García stehen um 1929, als Torres-García seine auf gitterartigen Strukturen aufbauenden Bilder entwickelt, für die er heute bekannt ist, in engem Kontakt. Leider wissen wir nicht, in

---

65 Vgl. Jean Cocteau, *Dessins d'un dormeur: Portraits de Jean Desbordes*, Lausanne 1929. Die formale Nähe des gezeichneten schlafenden Cocteaus und des photographierten Gegenstücks ist frappant. Hat AW seinem Bruder vielleicht von den Zeichnungen Cocteaus erzählt? Die Qualität aller photographischen Aufnahmen Peter Walsers, der 1929 siebzehn Jahre alt ist, ist bemerkenswert (vgl. Abb. S. 134, 139, 140 und 141).

66 Eine kleine Studie (Abb. S. 135) zu einem heute nicht mehr erhaltenen Bild AWs diente vielleicht ebenfalls zur Vorbereitung eines ungegenständlichen Gemäldes. Nur wenige Studien zu Bildern AWs sind überliefert. Das ungegenständliche Gemälde (Abb. S. 80) gibt uns einen weiteren Hinweis, wie wir uns die Bilder AWs vorstellen müssen, die im Sommer 1929 in den Editions Bonaparte ausgestellt sind.

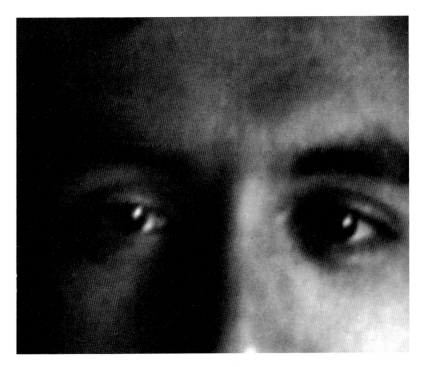

Die Augen Andreas Walsers, um 1929

welchem Verhältnis Walser zu Cercle et Carré steht.[67] Auffallend ist, dass der junge Bündner sich hier in einem Kreis von Künstlern bewegt, der weder mit Cocteau noch mit Picasso verkehrt. Am 13. Juli, am ersten Tag der Ausstellung, ist Andreas offensichtlich unterwegs, denn er trifft in Zürich Augusto Giacometti und Hermann Hiltbrunner und schreibt aus Disentis eine Karte an Nel.[68]

Gegen Ende Juli besucht Walser Kirchner erstmals in diesem Sommer, der ihm einen jungen deutschen Maler, den Bauhausschüler Fritz Winter (1905–1976), vorstellt. Kirchner wiederholt seine frühere Empfehlung, das Bauhaus zu besuchen und schreibt Walser im Anschluss an seinen Besuch: «Ich hätte gern ihre Ansicht über die Malereien des Herrn

---

67 Vielleicht lernt AW Torres-García bald nach seiner Ankunft in Paris kennen. Torres-García wollte 1928 im Pariser Salon d'automne einige Arbeiten ausstellen, was aber nicht möglich war. Dank dem französischen Maler Jean Hélion (1904–1987) konnte er im November des gleichen Jahres die refüsierten Werke in der Galerie Marck präsentieren (vgl. *The Antagonistic Link: Joaquín Torres-García, Theo van Doesburg*, Amsterdam 1991, S. 73, und *Torres-García*, Katalog, Museo Nacional Centro de Arte Reina Sofia, Madrid / IVAM Centre Julio Gonzalez, Valencia, 1991, S. 188). Bei der Galerie Marck muss es sich um die gleiche Galerie handeln, von der AW Ende 1928 ein Ausstellungsangebot erhält und die er in seinen Briefen abwechselnd als Galerie Marck, Marker und Mercure bezeichnet (vgl. S. 23 f. für AWs Brief vom 5.12.1928).
68 AWs Brief an Bärby Hunger vom 13.7.1929, der den Aufenthalt in Zürich dokumentiert, und die Karte an Nel befinden sich in Berner, beziehungsweise in Pariser Privatbesitz.

Winter gehört«.[69] Walser und Winter haben sich offenbar nicht sehr gut verstanden.[70]

Mit den Eltern und dem Bruder ist Andreas längere Zeit in Bergün, vermutlich Ende Juli bis Ende August, von wo aus er Tagesausflüge unternimmt. Am 11. August schreibt er Nel aus Urmein, wo er Bärby Hunger und Walter Trepp besucht, einen Brief. Der junge Künstler fühlt sich in diesem Sommer als Aussenseiter und weiss nicht, ob er für längere Zeit nach Paris zurück will, wie er Bärby Hunger schildert: »Lange werde ich es in Paris doch nicht mehr aushalten – mein Traum geht immer mehr nach Berlin. Und da ich hindarf wo ich will muss ich glücklich sein!« Im Sommer malt er wenig, am 26. August berichtet er Nel aus Bergün: »je dessine un peu, j'ai quelques aquarelles à Coire je veux travailler plus, une ou deux toiles.«[71] Vor seiner Rückreise nach Chur Ende August besucht er Kirchner erneut.

Andreas Walser will mit einem oder zwei Bildern an einer geplanten Ausstellung im Kunsthaus Zürich teilnehmen, aber nur wenn Kirchner auch mit neuen Bildern vertreten sei, wie er in seinem im August abgeschickten Brief betont.[72] Die Direktion des Kunsthauses antwortet am 10. September: Kirchner auszustellen, sei dieses Mal leider nicht möglich, in seinem Fall möchte die Kommission vor einem definitiven Entscheid Originale sehen. Am 12. September sendet Andreas Walser dem Kunsthaus eine Mappe mit 21 Zeichnungen und Aquarellen sowie 29 Fotos, die der Ausstellungskommission vorgelegt werden sollen. Seine Arbeiten kommen für die Ausstellung »Abstrakte und surrealistische Malerei und Plastik«, die vom 6. Oktober bis zum 3. November stattfindet, schliesslich doch nicht in Frage, obwohl drei der über vierzig Ausstellungsteilnehmer, Freundlich, Torres-García und Vantongerloo, im Sommer in den Editions Bonaparte mit ihm ausgestellt hatten. Die drei genannten Künstler sind alle wesentlich älter als Andreas, und für die ablehnende Haltung des Kommission ist vielleicht Walsers jugendliches Alter ein entscheidender Grund.

Die Mappe des jungen Künstlers bleibt zunächst im Kunsthaus, vielleicht können Walsers Arbeiten in einer Ausstellung mit Werken von Schweizer Künstlern gezeigt werden, die erarbeitet wird. Die Kommission des Kunsthauses in Zürich entscheidet an ihrer Sitzung vom 3. Dezember jedoch, die Arbeiten nicht in die geplante Ausstellung aufzunehmen. Die Mappe mit den 21 Zeichnungen und Aquarellen und den 29 Fotos, die vor allem veräusserte Arbeiten Walsers dokumentieren,

---

69 Eine Kopie des Kirchner-Briefs vom 1.8.1929, aus dem hier zitiert wird, befindet sich in Pariser Privatbesitz.
70 Aus Kirchners Brief vom 12.8.1929 geht hervor, dass Winter den sensiblen Walser durch unvorsichtige Äusserungen verletzte (vgl. S. 52–54).
71 Die Briefe AWs an Nel vom 11.8.1929, vom 26.8.1929 und jener vom 20.8.1929 an Bärby Hunger befinden sich in Pariser, beziehungsweise in Berner Privatbesitz.
72 AWs Korrespondenz mit dem Zürcher Kunsthaus wird dort aufbewahrt. Von der Ausstellung im Kunsthaus Zürich handelt Kirchners Brief an AW vom 12.8.1929 (vgl. S. 52–54).

wird auf Anweisung des Künstlers an die Galerie Wolfsberg in Zürich weitergeleitet, die an einer Walser-Ausstellung interessiert ist. Aus dieser Mappe stammen mehrere Rötelzeichnungen. Eine davon ist eine Portraitskizze Picassos (Abb. S. 100), eine zweite hält möglicherweise die Züge Marc Chagalls fest (Abb. S. 101).

Ende September ist Walser wieder in Paris. Er lebt nun nicht mehr in der Rue Bardinet, sondern im Vénétia-Hôtel, Boulevard du Montparnasse 159. Rasch gerät der Künstler in eine Krise: »Ich nahm mehrere Gramm Morphium« schreibt er Bärby Hunger, die er zwischen Basel und Paris treffen will, am 5. Oktober.[73] Bärby Hunger besucht ihn schliesslich in Paris.

Guy de la Pierre und Andreas Walser (rechts) in Marseille, 23.1.1930

Den Eltern berichtet Andreas nur von seinen künstlerischen Projekten. Er will weniger malen als im letzten Jahr, dafür sollen grössere Arbeiten entstehen. Ein solches Bild mit selbstangeriebenen Farben kommt ihm selber auf etwa 25 Schweizer Franken zu stehen, rechnet der junge Künstler den Eltern vor. Er zeichnet mehr, schreibt viel an Hiltbrunner, und schreibt jetzt auf französisch. Cocteau sei samt Desbordes am Meer, Picasso sei in Paris. Der Kunstsalon Wolfsberg in Zürich sei nicht abgeneigt, seine Arbeiten auszustellen, wenn er nicht gleichzeitig oder vorher im Kunsthaus Zürich ausstelle. Bei Quatre Chemins habe man tausend Ausreden, er könne also ruhig im Frühjahr nach Berlin.[74]

Am 15. Oktober entsteht Walsers »Portrait René Crevel« (Abb. S. 108). In diesem Dichterbildnis, dessen Komposition keine Rücksicht auf den Rahmen nimmt, benutzt Walser neben einer zerschnittenen Photographie Crevels zum Teil die gleichen Elemente, die Joan Miró in seinen Collagen vom Sommer und Herbst 1929 einsetzt: unregelmässig gerissene Papiere

---

73 Der Brief ist publiziert auf S. 56–57.
74 Der Brief vom 10.10.1929 an die Eltern befindet sich in Churer Privatbesitz. In der Galerie Quatre Chemins wurde AW im Frühjahr 1929 eine Ausstellung versprochen, die im Herbst des gleichen Jahres stattfinden sollte (vgl. AWs Brief an Bärby Hunger vom 13.4.1929, S. 38 f.).

Alberto Giacometti, Tête qui regarde, 1928
Gips, 39 x 37 x 5,5 cm
Kunsthaus Zürich, Alberto Giacometti-Stiftung

und Draht.⁷⁵ Zwei Tage später schreibt er Bärby Hunger: »René Crevel m'écrit souvent, il est malade à Leysin, il m'envoie ses livres – il est très gentil.« Vielleicht spielt Andreas schon hier mit dem Gedanken einer Crevel-Übersetzung. René Crevel (1900–1935), der seit den frühen zwanziger Jahren den Gründer und Haupttheoretiker des Surrealismus, André Breton, kennt, aber kein orthodoxes Mitglied der Gruppe ist, schreibt philosophische und kunstkritische Schriften sowie teils satirische, teils sarkastische Romane, in denen er sich unter anderem gegen die bürgerliche Moral wendet. Eine andere Übersetzung nimmt Walser schon in Angriff: »je commence à traduire le livre de Jean Desbordes – un travail énorme – mais ça m'intéresse tellement. j'ai confiance de réussir«.⁷⁶ Er arbeitet offenbar an der Übersetzung von »J'adore«, dem Buch, das er bei seinem ersten Besuch bei Klaus Mann entdeckte.

Ende Oktober folgt eine weitere schwere gesundheitliche Krise Walsers, die zweite im Herbst 1929. Wieder berichtet Nel Bärby Hunger darüber, die nun auf Wunsch ihres Freundes Kirchner anschreibt.⁷⁷ Kirchner ist durch ein Ehrenwort gebunden, er darf nichts über Walsers Zustand erzählen, und Bärby Hunger kann ihm in diesem Moment auch nicht helfen: »Ich bringe es nun doch nicht über mich – Deiner Mutter von Deinem Kranksein zu sprechen.«⁷⁸ Kirchner spricht in seinen Briefen von der Möglichkeit einer mehrwöchigen Entziehungskur, was Bärby Hunger ihrem Freund denn auch vorschlägt. Dieser will jedoch ohne Entziehungskur von den Drogen loskommen. Während der Rekonvaleszenz kümmern sich Emmanuel Boudot-Lamotte und Jean Lebeuf um Andreas,

---

75 Vgl. z.B. *Joan Miró*, Katalog, The Museum of Modern Art, New York, 17.10.1993–11.1.1994, Nr. 84, Abb. S. 174 und 394. Diese Collage Mirós befand sich während einiger Zeit, allerdings erst nach dem Tod AWs, in der Sammlung von Georges Hugnet.
76 AWs Brief an Bärby Hunger vom 17.10.1929 befindet sich in Berner Privatbesitz.
77 Der Brief Nels ist auf S. 61 publiziert.
78 Der Brief Bärby Hungers an AW vom 8.11.1929 befindet sich in Berner Privatbesitz.

der am 24. November seiner Freundin in Chur versichert: »Es geht! Ich stand auf – ging aus und habe eben wieder ein Bild gemalt – es ist 4 1/4 Uhr morgens«.⁷⁹

Nel arbeitet nun mit Andreas an einem Crevel-Buch, möglicherweise an der Übersetzung von *Etes-vous fous?*, einem keineswegs leicht zugänglichen Roman Crevels aus dem Jahr 1929, der ihn ansprechen muss: Vagualame, der Held des Romans, erlebt in den Pariser und Berliner Künstlermilieus phantastische Abenteuer, zwischen-

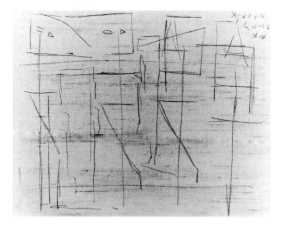

*Studie zu »Baigneurs (Am Strand)«, 10.2.1930
Bleistift auf Papier, 24,5 x 27,2 cm
Privatbesitz*

durch begibt er sich für längere Zeit zur Kur nach Davos, ein Besuch beim Arzt ist terminiert. Andreas Walser kommt nun ohne Morphium aus, wie er Bärby Hunger versichert: »Aber nur in Paris in diesem *mich auffressenden* Gewühl u. zugleich dieser *himmlischen Schönheit d. Stadt* u. nur so ganz masslos unten u. oben, nur so kann ich Künstler sein«.⁸⁰

Am 7. Dezember berichtet ihr Walser: »Ma chambre est pleine de grandes toiles – enfin je ne travaille plus – je me repose«⁸¹ Kein einziges seiner seit der Rückkehr nach Paris entstandenen Bilder ist uns bekannt. Verloren sind die grossen Leinwände, die er in diesem Brief erwähnt und mit ihnen sicher viele Arbeiten auf Papier aus dem letzten Viertel des Jahres 1929. Verloren ist auch das Portrait »René Crevel« (Abb. S. 108), das zusammen mit den wenigen erhaltenen Fotogrammen und dem am 12. Dezember 1929 aufgesetzten Brief an die belgische Avantgarde-Zeitschrift Variétés darauf hinweist, dass nach dem Tod des Künstlers vermutlich auch eine Anzahl Fotogramme und andere Arbeiten, in denen er Photographien verwendete, verloren gegangen sind.⁸²

Weihnachten und Jahresende 1929 verbringt der junge Bündner Künstler wieder, wie im Jahr zuvor, bei seiner Familie in Chur. Die lange Rückreise nach Paris unterbricht er in Leysin, um René Crevel zu besuchen, der sich dort zur Kur aufhält.

Wenige Tage nach seiner Rückkehr nach Paris zieht Walser um. Ab Mitte Januar 1930 lebt er an der Rue Armand Moisant 6 im 15. Arrondis-

---

79 Über Jean Lebeuf, der offenbar ein guter Freund AWs ist, konnte bis heute leider nichts in Erfahrung gebracht werden. Der Brief vom 24.11.1929, aus dem der zitierte Satz AWs stammt, ist auf S. 62 f. publiziert.
80 Ebd.
81 Der Brief an Bärby Hunger vom 7.12.1929 befindet sich in Berner Privatbesitz.
82 Der Brief ist auf S. 64 publiziert.

sement, bei seinem neuen Freund, dem Musiker Guy de la Pierre, und richtet dort sein Atelier ein. Bald wird Walser zum Krankenpfleger. Drei Tage und drei Nächte wacht er über Guy, der schwer erkrankt ist. Der Grund von dessen Krankheit, so schreibt Andreas seiner Churer Freundin, sei »une mortelle intoxication«.[83]

Guy erholt sich schnell, wenige Tage später darf er Andreas mit Erlaubnis der Ärzte auf einer längeren Reise begleiten. Mit Guy und einem zweiten Begleiter namens Maltzan möchte Walser nach Korsika. In Marseille, im Hôtel Nautique am Quai des Belges 7, wird ein längerer, rund zehntägiger Zwischenhalt eingeschaltet.[84]

Die Überfahrt nach Korsika findet am Nachmittag des 3. Februar 1930 statt. Die drei Reisenden finden im Hôtel Beau Site in Ajaccio eine Unterkunft. Andreas, der lange schon vom Mittelmeer geträumt hat, freut sich: »In einem gewissen Sinne fiel es mir ja schwer Paris zu verlassen für 3–4 Wochen – aber jetzt nicht mehr«.[85] In Korsika scheint er sich gut zu erholen, auch wenn er die Übersetzung des Texts von Crevel aufgibt.[86] Er arbeitet viel und berichtet den Eltern am 22. Februar, am Tag an dem er Ajaccio Richtung Festland verlässt: «Nun wieder einmal in Paris werde ich Leinwand kaufen und all das malen, was ich hier am Meere gesehen habe. Ich reise mit einer grossen Zahl Zeichnungen zurück. Die Wochen in Marseille und Ajaccio werden lange nachwirken und unvergesslich sein.«[87] Der deutsche Kritiker Carl Einstein (1885–1940) hat seinen Besuch bei Walser angemeldet, schreibt er im gleichen Brief, was ihn nicht sonderlich zu beeindrucken scheint.[88] Eine Einladung der amerikanischen Dichterin und Sammlerin Gertrude Stein (1874–1946), die er in diesem Brief ebenfalls erwähnt, beschäftigt ihn hingegen: »Interessanter ist: dass ich von der englischen [sic!] Dichterin Gertrud Stein durch Crevel eingeladen bin. Sie schrieb nach Marseille. Die könnte sich allenfalls mit der Zeit zu einem Kauf entschliessen, da sie ›Stein‹reich sein soll und die wertvollsten Picassos hat.« Andreas freut sich, an Ostern den Eltern mehr von Ajaccio und Marseille erzählen zu können.

Am 25. Februar schickt Andreas seinem Bruder aus Paris einen Geburtstagsgruss, drei Tage später schreibt er Bärby Hunger. Er verarbeitet in seinem Pariser Atelier seine Eindrücke aus Korsika und Marseille, aber der Horizont verdunkelt sich: »Nun seit Sonntag Mitter-

---

83 AWs Brief an Bärby Hunger vom 20.1.1930 befindet sich in Berner Privatbesitz.
84 Über die Identität von Guy, der vermutlich Pianist ist, und von Maltzan ist sehr wenig bekannt. AWs zweiter Reisebegleiter heisst vermutlich H. A. von Maltzan. Aus Korsika schreibt AW Bärby Hunger am 17.2.1930 einen Brief. Auf dem Umschlag findet sich folgender Aufdruck: »Wissenschaftliches Korrespondenzbüro ›Akademia‹, Paris 6, Frhr. H. A. v. Maltzan, Rue de la Grande Chaumière 9«.
85 AWs Brief an Bärby Hunger aus Marseille vom 2.2.1930 befindet sich in Berner Privatbesitz.
86 Von Crevels Buch handelt AWs Brief an seine Eltern vom 9.2.1930 auf S. 68.
87 Der Brief AWs an die Eltern vom 22.2.1930 aus dem dieses und auch das nächste Zitat in diesem Abschnitt stammt, befindet sich in Churer Privatbesitz.
88 Hier hat wohl Kirchners Negativpropaganda gewirkt (vgl. Kirchners Brief an AW vom 2.7.1929, S. 49 f.).

nacht sind wir wieder in paris u ich habe schon 3 grosse Leinwände – bilder vom Meer. das alles ist neu u. ich sehe den Fortschritt – die Reise hat gut getan – aber irgend sonstwo marschierts nicht – dort wo gar niemand mir helfen kann – Ich trinke und vergesse – warum auch nicht – irgend etwas muss ich dagegen tun – u. lebe ein seltsam einfaches Leben – spreche niemand und gehe zu niemand – bin immer mit Gui und arbeite jede Nacht an Bildern u. bin stolz u. froh so ohne all das Zeug zu leben, das mich früher umgab.«[89]

Am 3. März, als Kirchner Walser einen warnenden Brief schreibt, ist Rudolf Zender in Davos.[90] Zender, der ihn zuvor in Paris getroffen hatte, beschreibt die Begegnung mit Kirchner mit den folgenden Worten: »Diesen Auftrag [Walsers Auftrag, Kirchner Grüsse zu überbringen] führte ich rasch aus, ging zu Kirchner, schilderte ihm meinen Besuch am Boulevard Montparnasse und äusserte meine Besorgnis um Walsers

Andreas Walser in Marseille Januar/Februar 1930, von AW rückseitig bezeichnet: »A–W à Marseille (surimpression des bateaux)«

Befinden. Kirchner schien sehr wohl im Bilde zu sein und bat mich eindringlich, auf dem Heimweg bei Walsers Vater in Chur vorzusprechen, um ihn zu bitten, die Heimkehr des Sohnes zu beschleunigen. ›Es könnte Eile geboten sein.‹«[91] Der Besuch Zenders bei den Eltern Walsers in Chur, der wenige Tage nach diesem 3. März stattfindet, ist sehr kurz. Der Vater weiss offenbar nichts von den Drogenerfahrungen seines Sohnes und glaubt, dass Zender ihn verleumdet. Bevor er sich verabschiedet, wieder-

---

89 Vgl. S. 70 für AWs Brief an seinen Bruder. Jener an Bärby Hunger, aus dem das Zitat in diesem Abschnitt stammt, ist in *Konkursbuch* 23 (1989) in gekürzter Form publiziert.
90 Der Brief Kirchners ist auf S. 71 publiziert.
91 Zenders Brief vom 14.8.1987 aus dem weiter oben bereits zitiert wurde, befindet sich in Pariser Privatbesitz.

holt Zender noch einmal die Warnung, die er im Auftrag Kirchners übermitteln will. Über Winterthur und Colmar reist der junge Winterthurer Künstler nach Paris zurück und: »Sehr rasch, nach wenigen Tagen ging ich an der Rue de la Grande Chaumière bei der alten holländischen Händlerin Farbe kaufen – ihr Name ist mir entfallen. Sie begleitete mich zur Tür und sagte leise: »Wir haben Sie vor einer Woche vermisst – Au Père Lachaise als wir Andreas Walser zu Grabe geleiteten [Walser wurde tatsächlich in Thiais, südlich von Paris, begraben].«[92]

Die Todesursache ist aus dem Text Zenders zu erahnen, denn Walser hat sich nicht erschossen, wie Klaus Mann in seinen Texten schreibt. Er stirbt nach kurzer Krankheit am 19. März 1930 in Paris, nach Auskunft seines Bruders an einer Überdosis Drogen. Als die Mutter und der Bruder in Paris eintreffen, lebt Andreas bereits nicht mehr. Bärby Hunger stösst später zu ihnen, und der Vater, Dekan Walser, kommt nach Paris, um seinen Sohn zu begraben. Im *Bündner Tagblatt* vom 22. März 1930 steht, verharmlosend: »als sie ankamen [die Mutter und der Bruder], war der arme Andreas bereits einer akut verlaufenen Krankheit erlegen, vielleicht war es eine Grippe, die gegenwärtig in Paris epidemisch auftritt, vielleicht eine Brustfellentzündung oder beides? Genaue Mitteilungen sind bis zur Stunde nicht erhältlich.« Möglicherweise ist Manns Beschreibung des Todes von Andreas Walser nicht bloss ein Element dichterischer Freiheit, denn in Paris kursierten verschiedene Gerüchte über einen gewaltsamen Tod des jungen Künstlers.[93]

Albert Rausch ist nach dem Tode Walsers von der Familie des Künstlers damit beauftragt, den Nachlass zu ordnen und diejenigen Bilder des Künstlers einzusammeln, die sich in verschiedenen Pariser Galerien befinden. Einiges hat Walser verschenkt, und vermutlich hatte er Freunden Werke zur Aufbewahrung überlassen, denn das Zimmer im Vénétia-Hôtel, das er vom Herbst 1929 bis im Januar 1930 bewohnt, ist klein. Nur ein kleiner Teil des Nachlasses gelangt nach Chur zur Familie.

Bereits erwähnt wurde, dass über das Schicksal vieler Arbeiten aus dem letzten Viertel des Jahres 1929 nichts bekannt ist. Dieser Vermisstenliste müssen fast alle Werke aus dem Jahr 1930 hinzugefügt werden, etwa die vielen Zeichnungen, die Walser von seinem Aufenthalt am Mittelmeer nach Paris zurückbringt, sowie fast alle Gemälde dieser Zeit. Eine nach dem Tod des Künstlers erstellte Liste belegt, dass er 1930 noch mindestens 10 Bilder gemalt hat. Wir kennen den Standort eines einzigen Werks: das grossformatige Gemälde »Baigneurs (Am Strand)« (Abb. S. 91), befindet sich im Bündner Kunstmuseum, Chur.[94] Walser arbeitet im letzten

---

92 Zitiert aus einem Brief Zenders vom 14.8.1987, der sich in Pariser Privatbesitz befindet.
93 AW ist in Klaus Manns Tagebuch kurz erwähnt, obwohl er nicht im Register aufgeführt ist. Am 10.2.1932 notiert Mann nach einem Treffen und »endlosen Gesprächen« mit Albert Rausch: »Düstere Andeutungen über die Affäre Walser-Cocteau« (vgl. Klaus Mann, *Tagebücher: 1931 bis 1933*, hg. von Joachim Heimannsberg u.a., München 1989, S. 39).
94 Die Zeichnungen sind im Brief AWs an die Eltern vom 22.2.1930 erwähnt, aus dem weiter oben zitiert wird (vgl. Anm. 87). Ob während des Aufenthalts am Mittelmeer auch Zeichnungen

halben Jahr seines kurzen Lebens auch längere Zeit an Übersetzungen von Büchern der jungen französischen Dichter Jean Desbordes und René Crevel, die allerdings nicht zu Ende geführt werden. Vom weiteren Schicksal der Übersetzungen und einem Teil der anderen Texte aus dieser Zeit – vermutlich Prosatexte, Gedichte und Aphorismen in deutscher und französischer Sprache – ist nichts bekannt.[95]

Schwieriger noch als die verlorenen Arbeiten aufzuspüren, ist, fast 65 Jahre nach dem Tod des Künstlers, das Netz seiner Beziehungen zu rekonstruieren. Zeitzeugen, die den Künstler sowie das künstlerische Umfeld, in dem er sich in Paris bewegte, aus eigener Erfahrung kennen, gibt es nur noch wenige. Hätte Walser nur wenige Jahre länger gelebt, gäbe es sicher mehr schriftliche Zeugnisse über ihn, denn alle Voraussetzungen dafür waren 1930 erfüllt. Sammler und Kritiker begannen sich für sein Werk zu interessieren, und seine Arbeiten waren in fünf verschiedenen, meist bekannten Pariser Galerien zu sehen.[96]

Einen letzten Einblick in die Welt Andreas Walsers gibt uns eine Aufnahme seines letzten Ateliers (Abb. S. 2). Die »Baigneuse de Picasso«, die er dort aufgebaut hat, scheint sowohl ein Altar zu Ehren Picassos sowie eine ironische Parodie der Collagen und anderer, stärker dreidimensionalen Arbeiten des verehrten Meisters zu sein. Badende sind der Gegenstand vieler Gemälde Picassos aus den Jahren 1928 und 1929, und Erinnerungen an Picassos Kostüme für das Ballett »Parade« von 1917 mögen eine gewisse Rolle gespielt haben. Die Musik zu diesem Ballett ist von Erik Satie (1886–1925), das Libretto schrieb Jean Cocteau. Die Nähe von Walsers »Baigneuse« zu Cocteau, besonders zu dessen Bühnen- und Filmdekorationen, ist nicht zu leugnen. Cocteaus 1930 erschienener Film *Le Sang d'un poète*, in dem unter anderem Jean Desbordes, als Louis XV

---

wie (Abb. S. 102) entstehen, kann nicht mit Sicherheit gesagt werden. Im Werk des Basler Malers Walter Kurt Wiemken (1907–1940), der sich Ende der zwanziger Jahre unter anderem in Paris und in Collioure im Süden Frankreichs aufhält, gibt es vergleichbare Blätter. Offen bleibt die Frage, ob AW Wiemken persönlich kennenlernt.

95 Ganz unrealistisch ist AWs Idee einer Crevel-Übersetzung nicht: 1930 erscheint im Fischer Verlag in Berlin *Der schwierige Tod*, eine Übersetzung von Crevels Roman *La mort difficile*. Der Übersetzer ist Hans Feist, ein Freund von Klaus Mann.

96 Dank AWs eigenen und Albert Rauschs Aufzeichnungen wissen wir, um welche es sich handelt: Neben der Galerie Mercure, die sich als erste für eine Ausstellung AWs interessierte, sind es die Galerie Bonaparte, die Galerie Quatre Chemins, die Galerie Jeanne Bucher sowie die Galerie Pierre. Für die Verbindung zwischen AW und der Galerie Pierre von Pierre Loeb gibt es bisher keinen weiteren Beleg. Wo die Suche nach unbekannten Beziehungen AWs hinführen kann, und wie schwierig daraus Schlüsse zu ziehen sind, illustriert das folgende Beispiel: Joan Mirós Arbeit scheint AW nicht unbekannt gewesen zu sein, wie Abb. S. 88 und Abb. S. 108 zeigen. Im April 1929 schreibt Georges Hugnet Miró wegen eines Buches, für das er Lithographien herstellen soll. Im Juni widmet AW Hugnet ein Gemälde (Abb. S. 86). Die Präsenz AWs in dieser Umgebung lässt sich erahnen, der Kontakt zu Hugnet ist gesichert, aber heute können wir bloss vermuten, dass sich AW und Miró getroffen haben könnten. Konkrete Aussagen oder gar Beweise sind nicht zu erbringen, und letztlich verlieren sich auf diese Art viele vermeintliche Spuren AWs. Eine belegbare Aussage in Bezug auf Miró gibt es allerdings: In vier der fünf Galerien, in denen sich im Frühjahr 1930 Werke AWs befinden, waren zwischen 1927 und 1929 in Einzel- oder Gruppenausstellungen Arbeiten Joan Mirós zu sehen, vgl. *Miró* (wie Anm. 75), S. 327 und 437 f.

kostümiert, auftritt, arbeitet Cocteau auch mit beschrifteten Papier- oder Kartontafeln und zeigt ähnliche, weit vom doktrinären Surrealismus entfernte Bilder.[97] Die rauchende Badende in der verlassenen Pariser Atelierecke, eine surrealisierende Assemblage aus bemaltem und zerrissenem Papier und textilem Material, zwischen Boxhandschuhen und leeren Flaschen, ist jedoch vor allem, unverkennbar, eine Arbeit von Andreas Walser.

97 Cocteaus *Le Sang d'un poète* gehört mit Luis Bunuels (1900–1983) *L'Age d'or* und *Un Chien andalou*, die 1929 und 1930 entstanden, zu den wichtigsten surrealistischen Filmen. Cocteaus Film wurde erst nach dem Tode AWs öffentlich aufgeführt, AW war aber vermutlich, vielleicht durch Cocteau und Desbordes, über die Vorbereitung und die Entstehung des Films gut informiert.

Editorische Notiz und Verzeichnis der Briefe / Texte

Die in diesem Buch publizierten Briefe und Texte folgen in Orthographie und Interpunktion dem maschinengeschriebenen respektive dem – nicht immer leicht lesbaren – handschriftlichen Original; die dort verwendeten Abkürzungen wurden nicht aufgelöst. Die in den zwanziger Jahren gedruckten Texte wurden in ihrer Form ebenfalls nicht verändert.

Giovanni Giacometti an AW	Stampa, 24.11.1925	11
Augusto Giacometti an AW	Zürich, 22.8.1927	11
Augusto Giacometti an AW	Zürich 26.10.1927	12
AW an Bärby Hunger	Chur, 21.5.1928	12
Ernst Ludwig Kirchner an AW	Davos, Mai/Juni 1928	13
AW: »Bei Ernst Ludwig Kirchner«	Chur, Juni 1928	13
Augusto Giacometti an AW	Zürich, 13.9.1928	14
Ernst Ludwig Kirchner an AW	Davos, 22.9.1928	15
AW an Bärby Hunger	Paris, 28.9.1928	16
AW: »Über dem Place de Rennes«	Paris, Herbst 1928	16
AW an Bärby Hunger	Paris, 8.11.1928	18
AW: »Pont des Arts«	Paris, Herbst 1928	19
AW: »Café du Dôme«	Paris, Oktober/November 1928	20
Augusto Giacometti an AW	Zürich, 29.11.1928	22
Ernst Ludwig Kirchner an AW	Davos, 4.12.1928	22
AW an Bärby Hunger	Paris, 5.12.1928	23
Augusto Giacometti an AW	Paris, 25.12.1928	24
Jean Cocteau an AW	Saint-Cloud, 16.1.1929 (Abb. S. 26)	25
AW an Peter Walser	Paris, 17.1.1929 (Abb. S. 29/30)	27
AW: »Mon ami est chez lui …«	Paris, 18.1.1929	28
Jean Cocteau an AW	Saint-Cloud, Ende Januar 1929	31
Ernst Ludwig Kirchner an AW	Davos, 9.2.1929	32
Jean Cocteau an AW	Saint-Cloud, Februar 1929	32
Jean Desbordes an AW	Villard-de-Lans, 13.2.1929	33
Jean Cocteau an AW	Saint-Cloud, zweite Februarhälfte 1929	34
Jean Cocteau an AW	Saint-Cloud, März 1929	34
Jean Cocteau an Emmanuel Boudot-Lamotte	Saint-Cloud, 28.3.1929	35

Jean Cocteau an AW	Saint-Cloud, Ende März 1929	35
AW: »Nun gehe ich wieder draussen an der Seine ...«	Paris, Frühjahr 1929	35
Jean Cocteau an AW	Paris, Frühjahr 1929	37
Jean Cocteau an AW	Paris, Frühjahr 1929	37
Jean Cocteau an Emmanuel Boudot-Lamotte	Paris, 8.4.1929	37
AW an Bärby Hunger	Paris, 9.4.1929	38
AW an Bärby Hunger	Paris, 13.4.1929	38
Ernst Ludwig Kirchner an AW	Davos, 17.4.1929	40
Jean Cocteau an AW	Villefranche-sur-Mer, Ende April 1929	41
Jean Cocteau an Emmanuel Boudot-Lamotte	Villefranche-sur-Mer, 2.5.1929	42
AW an Bärby Hunger	Paris, 4.5.1929	42
Jean Cocteau an AW	Paris, Mai 1929	43
Ernst Ludwig Kirchner an AW	Davos, 6.5.1929	44
Ernst Ludwig Kirchner an AW	Davos, 26.5.1929	44
AW an Emmanuel Boudot-Lamotte	Paris, 28.5.1929 (Abb. S. 47/48)	46
Jean Cocteau an AW	Paris, Frühjahr/Sommer 1929 (Abb. S. 50)	49
Jean Cocteau an AW	Paris, Frühjahr/Sommer 1929	49
Ernst Ludwig Kirchner an AW	Davos, 2.7.1929	49
Augusto Giacometti an AW	Zürich, 3.7.1929	51
Ernst Ludwig Kirchner an AW	Davos, 19.7.1929	52
Ernst Ludwig Kirchner an AW	Davos, 12.8.1929	52
AW an Bärby Hunger	Bergün, 28.8.1929	54
Erich Maria Remarque an AW	Berlin, 5.9.1929	54
Augusto Giacometti an AW	Zürich, 20.9.1929	55
Ernst Ludwig Kirchner an AW	Davos, 23.9.1929	55
AW an Bärby Hunger	Paris, 5.10.1929	56
AW: »Aphorismen«	Sommer/Herbst 1929	57
AW: »De mon balcon je vois la lune ...«	Paris, Herbst 1929	58
AW: »On l'a dit mille fois déjà ...«	Paris, Herbst 1929	58
AW: »Quelquefois – dans mes rêves ...«	Paris, Herbst 1929	59
AW: »Aphorismen«	Paris, Herbst 1929	59
Emmanuel Boudot-Lamotte an Bärby Hunger	Paris, 4.11.1929	61
AW an Bärby Hunger	Paris, 24.11.1929	62
Klaus Mann an AW	Berlin, 25.11.1929	63
AW: »De la photographie de demain«	Paris, Ende 1929	63
AW an die Zeitschrift Variétés	Paris, 2.12.1929	64
Jean Cocteau an AW	Paris, 8.12.1929	64

AW: »Pablo Picasso«	Paris, Ende 1929	65
AW an Bärby Hunger	Paris, 10./11.12.1929	66
Ernst Ludwig Kirchner an AW	Davos, 29.12.1929	67
AW an seine Eltern	Paris, 17.1.1930	67
AW an seine Eltern	Ajaccio, 9.2.1930	68
AW: »Ajaccio«	Ajaccio, Februar 1930	69
AW an Peter Walser	Paris, 25.2.1930	70
Ernst Ludwig Kirchner an AW	Davos, 3.3.1930	71
Ernst Ludwig Kirchner an Bärby Hunger	Davos, 22.3.1930	72

Fotonachweis

Archiv Andreas Walser, Privatbesitz, Chur   2, 29, 30, 78, 79, 108, 115, 118, 120 unten, 134, 137–141, 143, 147
Archiv Andreas Walser, Privatbesitz, Paris   26, 47, 48, 126, 128, 129, 131, 136
Christian Baur, Basel   82
Bündner Kunstmuseum, Chur (Dauerleihgabe Nachlass Dr. Trepp)   119 links, 119 rechts, 124
Bündner Kunstmuseum, Chur (Kurt Hofmann)   50, 75–77, 83, 85, 86, 91, 99–101, 116, 117, 120 oben, 121, 122, 145
Kunsthaus Zürich   144
Bernhard Schaub, Köln   106, 107
Städelsches Kunstinstitut, Frankfurt am Main   130
Horst Ziegenfusz, Frankfurt am Main   80, 81, 84, 87–90, 92–98, 102–105, 135

Literatur

Veröffentlichte Texte von Andreas Walser

»Augusto Giacometti«, in: *Der Freie Rätier* (Chur 23.4.1927).
»Augusto Giacometti: Zu seinem 50. Geburtstag, 16. August 1927« in: *Der Bund* (Bern 16.8.1927) und *Winterthurer Tagblatt* (Winterthur 16.8.1927).
»Kunsthaus«, in: *Der Freie Rätier* (Chur 5.11.1927).
»Giovanni Giacometti: Zu seinem 60. Geburtstag, am 7. März«, in: *Neue Zürcher Zeitung* (Zürich 7.3.1928).
»Zum Tode von Hans Morgenthaler«, in: *Berner Tagblatt* (Bern 20.3.1928).
«Ferdinand Hodler (Zur 75. Wiederkehr seines Geburtstages, 14. März 1928)«, in: *Berner Tagblatt* (Bern 14.3.1928).
»Von Augusto Giacometti«, in: *Der Freie Rätier* (Chur 14.4.1928).
»Zehn Jahre seit Hodlers Tod: Ein Lebenskreis«, in: *Der Bund* (Bern 19.5.1928).
»Léonard Meisser, Chur–Paris«, Ausriss, von AW mit »Rätier Mai 1928« bezeichnet, vermutlich in: *Der Freie Rätier* (Chur, Frühjahr 1928).
»Bei Ernst Ludwig Kirchner«, in: *Annalen* 6 (Horgen-Zürich / Leipzig 1928), S. 277–278.
»Nietzsches Nachtlied«, in: *Berner Tagblatt* (Bern 6.6.1928).
»Ferien«, in: *Berner Tagblatt* (Bern 8.8.1928).
»Die Fenster zu St. Martin«, in: *Der Freie Rätier* (Chur 10.9.1928).
»Zum neuen Glasgemälde von Augusto Giacometti im Zürcher Kunsthaus«, Ausriss, bezeichnet (nicht von AW) mit »Ende Sept. 28 N.Z.P.«. Ein Organ mit diesem Kürzel konnte von uns bisher nicht identifiziert werden.
»Café du Dôme«, in: *Paris-Montparnasse* (Paris 2.11.1928).

Verschiedene Hinweise

Henry Benrath, *Das Land um Friedberg und Bad Nauheim*, hg. und verlegt von den Verkehrsvereinen Friedberg und Bad-Nauheim sowie der Bad- und Kurverwaltung Bad-Nauheim, 1930. Mit Abbildungen und Werkreproduktionen von AW.

Henry Benrath, *Paris*, Olten 1938. Von AW handelt die »Pariser Elegie«, S. 13–35.
Henry Benrath, *Requiem*, Stuttgart 1941.
Bündner Tagblatt (Chur, 22.3.1930). »Totentafel« zu AW.
Bündner Kunstmuseum, Chur: Gemälde und Skulpturen, Chur 1989, S. 181–182 und S. 311–312. Jörg Huber schreibt über AWs »Portrait Pablo Picasso«, S. 181, und über »Baigneurs (Am Strand)«, S. 182.
Guy de la Brosse, Ausriss, aus: *Paris-Soir* (17.4.1929). Ankündigung einer Ausstellung von AW.
Lothar Grisebach, *E.L. Kirchners Davoser Tagebuch: Eine Darstellung des Malers und eine Sammlung seiner Schriften,* Köln 1968, S. 173.
Heimatstimmen, Illustrierte Schweizer Zeitschrift für Heimatsinn und Volksbildung 22 (Chur 15.11.1927). Werkabbildungen von AW.
Konkursbuch 23 (Tübingen 1989, hg. von Wolfram Frank und Hermann Schuh), S. 101–115 und S. 204–205. Briefe AWs an Bärby Hunger, ausgewählt und hg. von Yvonne Höfliger.
Künstlerbildnis: Aus der Sammlung des Bündner Kunstmuseums, Chur, Katalog, Bündner Kunstmuseum, Chur 1988 (= Art mobil 3), S. 80–83. Text und Konzept: Yvonne Höfliger.
Künstlerische Techniken IV: Die Fotografie, Katalog, Kunsthalle Bielefeld, 3.9.–12.11.1989, S. 28. Ein Fotogramm von AW abgebildet.
Klaus Mann, *Auf der Suche nach einem Weg: Aufsätze*, Berlin 1931, S. 261–263.
Klaus Mann, *The Turning Point: Thirty-five Years in this Centery* (Erstausgabe New York 1942), London 1944, S. 197–98.
Klaus Mann, *Der Wendepunkt: Ein Lebensbericht*, Frankfurt am Main 1952, S. 284–85. Erweiterte Fassung der 1942 unter dem Titel *The Turning Point* in New York erschienen Autobiographie.
Klaus Mann, *Tagebücher: 1931 bis 1933*, hg. von Joachim Heimannsberg u.a., München 1989, S. 39.
Neue Bündner Zeitung (Chur 26.3.1930). Todesanzeige AWs.
Neue Zürcher Zeitung (Zürich, vermutlich Februar 1927). Artikel über den Zeichenwettbewerb »Schweizerjugend und Zeichenkunst« in der Kunsthalle Bern anlässlich der Pestalozzifeier, 7.2.–13.3.1927.
Arnaldo M. Zendralli, »Anfänge: Angehende Churer Künstler in Paris – Der Jüngste und seine ersten Schritte«, in: *Der Kristall* 9 (2. Jahrgang, Beilage zu: *Neue Bündner Zeitung*, Chur 29.9.1928). Mit Werkabbildungen von AW.

Dank

Im Namen der beteiligten Museen danken wir all jenen, die zur Verwirklichung von Ausstellung und Buch beigetragen haben. Es ist dies die zweite Ausstellung Andreas Walsers, nachdem eine erste kleinere Präsentation ohne Katalog im November 1971 im Bündner Kunstmuseum in Chur stattfand. Anlass dafür war das Bild »Nature morte: Statue à la fenêtre (Stilleben mit schwarzem Mond)« (Abb. S. 85), das die Graubündner Kantonalbank in diesem Jahr erworben und im Bündner Kunstmuseum deponiert hatte. Zu grossem Dank sind wir dem Bruder des Künstlers und seiner Frau, Herrn und Frau Pfarrer Peter und Gertrud Walser, verpflichtet, die nicht nur bereit waren, Fragen zu Andreas Walsers Leben und Werk zu beantworten, sondern auch den grössten Teil ihrer Andreas Walser-Gemälde seit langem im Bündner Kunstmuseum deponiert haben.

Der vorliegenden Präsentation steht jedoch jemand Pate, der sich aus persönlichem Interesse wohl am intensivsten mit Walser befasste. Es ist Dr. Emmanuel Wiemer, dessen Engagement wir den Zugang zu wesentlichen Teilen von Walsers Biographie und Schaffen verdanken. Dafür danken wir ihm und seiner Familie ganz herzlich. Den Kontakt zu den Schweizer Museen stellten Herr und Frau Dr. Paul und Erna Jolles her, die von Anfang an überzeugt waren, dass dieser Künstler es verdiene, einer breiteren Öffentlichkeit vorgestellt zu werden.

Um die Arbeiten im Nachlass Emmanuel Boudot-Lamotte machten sich verschiedene Personen verdient, so Wilhelm Antoni und Peter Waldeis, die Werke restauratorisch betreuten, Heinrich Künstler, der die Rahmung übernahm, und Horst Ziegenfusz, der die photographische Dokumentation besorgte. Zu Dank sind wir aber auch allen übrigen Personen verpflichtet, die mit ihrem Wissen zum Zustandekommen der vorliegenden Dokumentation beigetragen haben, darunter hauptsächlich Anna Barbara Wiesmann, Dora Renfer, Roger Perret und Hans-Joachim Klein, der Betreuer des Nachlasses Henry Benrath.

Ausstellung und Katalog genossen die grosszügige finanzielle Unterstützung der Fondation Nestlé pour l'Art, der Schweizer Kulturstiftung Pro Helvetia und der Graubündner Kantonalbank; den Verantwortlichen sprechen wir unseren besten Dank aus.

Nicht zuletzt aber gilt unser besonderer Dank Marco Obrist, der die grosse Arbeit geleistet hat, Werk und Biographie von Andreas Walser zu erforschen und in Ausstellung und Buch sorgfältig zu präsentieren.

Beat Stutzer *Dieter Schwarz*

Bündner Kunstmuseum, Chur   Kunstmuseum Winterthur